Henner Kotte   **Leipziger Heimsuchung**

Henner Kotte

Leipziger Heimsuchung

und vier weitere Verbrechen

11/3

Bild und Heimat

Dank für die Unterstützung bei der Recherche gilt Christine Enderlein, Doris Mundus und Otto Werner Förster.

Von Henner Kotte liegen bei Bild und Heimat außerdem vor:

Schüsse im Finsteren Winkel und sechs weitere Verbrechen
(Blutiger Osten, 2013)
Um Kopf und Kragen. Unbekannte Fälle aus dem Kuriositäten-kabinett der Kriminalistik (2014)
Leipzig mit blutiger Hand und fünf weitere Verbrechen
(Blutiger Osten, 2015)
*Blutige Felsen. Kriminalstories aus der
Sächsischen Schweiz* (2015)
Blutiges Erz. Kriminalgeschichten aus dem Erzgebirge (2016)
Raubsache Leipzig und vier weitere Verbrechen
(Blutiger Osten, 2016)
*Bonnie und Clyde vom Sachsenplatz und zwei weitere
authentische Kriminalfälle aus Dresden* (2016)

ISBN 978-3-95958-056-4
1. Auflage
© 2016 by BEBUG mbH / Bild und Heimat, Berlin
Umschlaggestaltung: capa
Umschlagabbildung: Chris Keller / bobsairport
Druck und Bindung: GGP Media GmbH, Pößneck

In Kooperation mit der SUPERillu

www.superillu-shop.de

Inhalt

Vorwort

Geldkreislauf und Kollaps

Den lass ich bluten!, sagt mancher und meint damit nicht den Stich ins Herz. Nein, es geht ans Eingemachte: ans eigne Geld und das der andern. Finanzen halten den gesellschaftlichen Kreislauf am Leben und hauchen komatösen Staaten wieder Leben ein. Und Finanzen sind Brutstätte für Unregelmäßigkeiten, Unrecht, Misswirtschaft, Betrug und andere Verbrechen. Die täglichen Nachrichten strotzen von Schadensmeldungen aus dieser Branche. Die Geschichten sind bizarr. Wahrlich, welcher Krimiautor hätte sich die Storys ausdenken können? Kein Bankhaus, das nicht selbst die Gesetze gebrochen hat. Idole hinterziehen millionenmäßig Steuern. Whistleblower decken geheime Konten auf. Politiker verdienen außer den Diäten nebenbei, legen aber den Verdienst nicht offen. Wer schmiert wen womit und wie viel? Privatiers schleusen Tausender bar in Scheinfirmen und Depots. Der normale Bürger fragt sich bestürzt, ob er der Einzige sei, der bei Finanzen noch gesetzestreu handelt. Staaten der Europäischen Union brechen jährlich selbst die aufgestellten Regeln anstandslos. Private Gesetzesverstöße ihrer Steuerbürger bestrafen sie knallhart und ohne Milde. So wird der makabre Eindruck hinterlassen, dass zweierlei Rechtsmaßstäbe gelten: Wer zahlen kann, erhält auch von Justitia Boni.

Was uns heute die missliche Ausgeburt der Gegenwart scheint, ist seit anno dunnemals belegt. Die vorliegende Sammlung erzählt Geschichten von Neppern, Schleppern, Bauernfängern – aus drei Jahrhunderten, aus einer Stadt.

Erschreckend: Die Methoden der Verbrecher waren stets dieselben. Politiker, die aus Gier öffentliche Gelder missbrauchen. Clevere, die Naive um die hart ersparten Groschen bringen. Banken, die sich verzocken und ihre Schuld nicht eingestehen. Finanzverbrechen sind Routine, nur gehen sie an unser Geld. Eins steht nämlich felsenfest: Das Buch solcher Verbrechen wird nie zu Ende geschrieben sein. Dieser Kreislauf bleibt erhalten: Man wird uns bluten lassen, bluten, bluten, bluten.

Hinter Stuck und schönem Stein

Geldpreller in Gasthaus und Palais

»Wie ich nun zu dem Sankt-Marx-Platze kam, ei sapperment! was stunden da vor wunderschöne Häuser, desgleichen ich in Holland und Engelland, wie auch in Schweden und ganz Indien an keinem Orte niemals noch nicht gesehen hatte. Sie waren, der Tebel hol mer, mit den kostbarsten Marmorsteinen ausgemauret, und war ein Haus wohl über funfzig Geschoß hoch, und vor einem jedweden Hause ringst um den Markt herum stund eine große Plumpe, aus Ursachen, weil das Wasser so seltsam ist. Mitten auf dem Sankt-Marx-Platze nun stund eine große Glücksbude, da griff nun hinein, wer wollte, es mußte aber die Person vor einem jedweden Griff einen Dukaten geben, es waren aber auch Gewinste darinnen zu sechzig- bis siebzigtausend Talern, und gab auch sehr geringe Gewinste, denn der geringste Gewinst wurde nur auf sechs Pfennige wert geschätzet. Wie ich nun sahe, daß manche Leute brav gewannen, so war ich her und wagte auch einen Dukaten daran und wollte mein Glück versuchen. Als ich nun in den Glückstopf hineingriff, o sapperment! was waren da vor Zettel, ich will wetten, daß es wohl über tausend Schock Millionen Zettel in dem Glückstopfe da vorhanden waren. Indem ich nun in den Glückstopf mit beiden Händen hineinfühlte, so tat ich auch einen solchen Griff, daß ich die Zettel bald alle auf einmal mit beiden Fäusten herausgriffe. Da dieses der Glückstöpfer sahe, o sapperment! wie klopfte er mich auf die Finger, daß ich soviel Zettel herausgeschleppt brachte, welche ich aber miteinander flugs wieder hineinschmeißen mußte und hernach vor meinen Dukaten nur einen einzigen hinausnehmen, welches ich auch tat. Wie ich nun vor meinen Dukaten einen Zettel aus dem Glückstopfe herausgenommen hatte und ihn aufmachte, so war es eine gute Nummer, und zwar Nummer elf, dieselbe mußte ich nun dem Glücksbüdner zeigen. Nun meinten damals alle Leute, ich würde was Rechts davontragen, weil ich eine ungleiche Nummer ergattert hätte, aber wie darnach gesehen wurde, was Nummer elf mit sich brachte, so war es ein Bartbürstchen vor sechs Pfeng. O sapperment, wie lachten mich die um die Glücksbude herumstehenden Leute alle miteinander mit meinem Bartbürstchen aus! Ich kehrte mich aber an nichts, sondern war her und griff noch einmal in den Glückstopf hinein und langete noch einen Zettel heraus, derselbe hatte nun wiederum eine gute Nummer, denn es war Nummer 098372641509. Sapperment! wie sperrten die Leute miteinander in und an der Glücksbude die Mäuler auf, daß ich eine so eine vortreffliche Nummer ergriffen hatte. Dem Glücksbüdner mußte es nun wohl flugs sein Herz gesagt haben, daß ich was Rechts aus seiner Bude ergriffen hätte, denn sobald er den Zettel nun ansichtig wurde, so fing er erschrecklich an zu schwitzen, und roch um ihn, als wenn er seine Hosen inclusive und exclusive stark balsamiert hätte.«

Christian Reuter: *Schelmuffskys kuriöse und sehr gefährliche Reisebeschreibung zu Wasser und zu Lande anderer Teil* (1697)

Christian Reuter kannte Leipzig und seine Glückswilligen. Mit der Beschreibung ihres Gebarens brachte es der Autor zu weidlichem Nachruhm und einem Vermerk in der deutschen Literaturgeschichte. Seinerzeit landete Reuter vor Gericht. Allzu deutlich ließ seine Literatur Bezüge zu Leipzigs Bewohnern erkennen. Die beleidigte Gasthauswirtin Anna Rosine Müllerin, Wittib, mit ihren vier Kindern führte mehrmals Klage gegen den aufmüpfigen Studenten, der sie und ihre Familie der Lächerlichkeit preisgab. Wortgewaltig unterstützte sie ihr Schwiegersohn George Leib, ein Lehrer. Allesamt wurden sie bei Christian Reuter Komödienfiguren – und zum Gespött der Handelsstadt.

Zeitenwende 1700: Die deutschen Lande teilten Staatsgrenzen kleiner Herrschaftsbereiche absoluter Fürsten. Der Dreißigjährige Krieg hatte Sachsen geplündert, gebrandschatzt, ins Elend geführt. 50 Jahre danach waren nicht alle Kriegsschäden getilgt. Leipzig hatte ein Drittel der Bevölkerung verloren, rund 15.500 lebten nunmehr in der Metropole. Hunger grassierte und die Pest. Bewohner darbten und kämpften um jeden Groschen. Der *große sächsische Kurfürst* herrschte gnadenlos und baute seine Macht und seinen Einfluss aus. August der Starke wechselte für Polens Königskrone einfach so die Religion. Manch Intellektuellen in Luthers Heimat schien das ein Verrat am rechten Glauben. Nicht nur in Leipzig demonstrierten die Studenten gegen diesen plötzlichen Sinneswandel und kamen ob ihres »unsittlichen Verhaltens« in den »strengen Karzer«, was hieß: tagelang nur Wasser und Brot und Wasser und Brot und Wasser. Die Wirtschaft lag brach. Überregionaler Handel barg Misslichkeiten und Gefahren. Marodierende Banden machten Wege unsicher. Räuberhauptmann Lips Tullian mit seiner *Schwarzen Garde* verbreitete Schrecken auch beim gemeinen Bürger. Diebstahl, Falschgeld und Betrug. Doch hatte Leipzig seinen Ruf als Messemetropole auch während der kriegerischen Zeiten beibehalten und prosperierte. Vornehmlich zwischen Brühl und Markt entstanden sehr respektable Häuser, die hinter den schönen Barock-Fassaden Gästen Betten boten und Händlern Verkaufsfläche.

Anna Rosine Müllerin, Witwe des Eustachius Müller, residierte im Hause *Zum rothen Löwen*, Brühl 34–40 / Reichsstraße 42 / 44. Die Grundstücke »bildeten bereits im 15. Jahrhundert einen großen Gasthof mit Brauhaus usw.«. Seit »hundertundzwanzig Jahren schon saßen die Müllers in diesem stattlichen Hause, ein Eustachius war dem andern gefolgt, tüchtige Gewerbetreibende allesamt, die es doch nie bis ins Patriziat der Messestadt gebracht hatten«. Die Müllers strebten nach Höherem, doch ließ die Stadtschickeria dieses nicht zu. Sie passten halt nicht. Neben der Gewürzkrämerei übte der Eustachius Müller »die auf dem Hause ruhende Braugerechtigkeit für sechs Biersorten aus, betrieb eine Gastwirtschaft und hatte des wohlbestallten Gerichtsverwalters zu Knauthain eheleibliche Tochter Anna Rosine gefreit. Eine Familie also, die zweifellos teilhatte an dem raschen Wiederaufstieg der Messe- und Universitätsstadt nach den Schrecken des *Dreißigjährigen Krieges*, einem wirtschaftlichen Aufschwung, wie ihn damals nur Hamburg noch schneller erlebte. Was für Hamburg der Seehafen war, war für Leipzig die Kreuzung jahrhundertealter Handelsstraßen, der *Hohen Landstraße* von Frankfurt am Main nach Schlesien und weiter bis Kiew und der *Reichsstraße* von Süd- nach Norddeutschland. Daß Leipzig in jenen Jahren Frankfurt die führende Rolle im Buchhandel abgewann, war nur ein, vielleicht aber das charakteristischste Signum dieses gewaltigen Aufstiegs.«

Familie Müller saß wie andre Gewinner der Kriegs- und Nachkriegswirren auf ihrem schnell erworbenen Gelde. Und »das stieg nicht wenigen dieser Reichgewordenen übel zu Kopf. Obschon die Messestadt mit ihrer protestantischen Universität, in der freilich der Geist einer finsteren und militanten Orthodoxie hauste, zum katholischen Hof in Dresden ein sehr problematisches, oft widerspenstiges Verhältnis besaß, gelangte das Selbstbewußtsein ihrer neureichen Kaufleute und Manufakturisten nicht eigentlich zu sich selber. Man wußte es vielfach nicht besser zu praktizieren als in einer lächerlichen Großmannssucht, die ihre kühnsten Träume in der Gewinnung des Adelsprädikates erfüllt sah. Hatte daran auch der selige Eustachius Müller – er war 1685 gestorben – vielleicht noch keinen Anteil, so doch seine beiden Töchter Anna Rosine und Johanna Maria.« Diese

Mädels wussten sich in Gesellschaft kaum zu benehmen, sprachen an vornehmer Tafel den unflätigen Jargon der Gosse und kleideten sich unbeholfen nach neuester Mode. Man sprach es nicht aus, doch gaben die *Jungfern-Töchter* viel Anlass zu Hohngelächter in der Stadt.

In jenem Gasthause *Zum rothen Löwen* nahmen anno 1694 zwei Studenten Quartier, die schon jahrelang an der Universität eingeschrieben waren. Johann Grel stammte aus Rügenwalde in Hinterpommern und bemühte sich seit mehr als zehn Jahren um seinen Abschluss. Freund Christian Reuter »begann mit dem Wintersemester 1688 sein Studium, wahrscheinlich an der theologischen Fakultät. Mit seinen dreiundzwanzig Jahren war er ungewöhnlich alt; die meisten Studenten wurden damals mit sechzehn Jahren immatrikuliert.« Allerdings war Reuter die Hochschulkarriere nicht vorherbestimmt gewesen. Er stammte aus verarmter Familie, geboren in Kütten, einem Dorfe zu Füßen des Petersberges nahe Halle an der Saale. Er besuchte die Merseburger Domschule und bewarb sich dann mehrmals um ein Stipendium in Zörbig, der Stadt, der einst sein Großvater Gelder gestiftet. Die dortigen Stadtväter lehnten Reuters Gesuch ab. Erst als er sich schon in Leipzig eingeschrieben, gewährten sie ihm nach dritter Bewerbung ein Zubrot.

Nun also bewohnte Reuter mit Busenfreund Grel das Müllersche Etablissement. Die Haustöchter Anna Rosine und Johanna Maria erblühten zu Damen, zählten sechzehn und achtzehn Jahre. »Man sagte, daß sie mit ihrer Gunst nicht zu engherzig gewesen sein sollen.« Grel und Reuter genossen ihr Studentenleben, indem sie die Alma Mater wenig besuchten. Sie gingen ins Opernhaus, das 1693 auf der Rannischen Bastei eröffnet hatte, und ins Theater, das nahebei im Fleischhaus durch wandernde Komödianten bespielt wurde. Beliebt waren Harlekinaden mit dem unabdingbaren Hanswurst oder Pickelhering, der als des Königs *lustiger Rat* Firlefanz machte. Das Volk schlug sich auf die Schenkel.

Allerdings blieben die Studenten Reuter und Grel ihrer Herbergsmutter monatelang den geforderten Mietzins schuldig. Anna Rosine Müller hatte sie mehrmals verwarnt. Nach fast einem Jahr schmiss sie die säumigen Herren unfein hinaus auf die Straße. Die waren ob solcher Behandlung wütend, so grob geht man mit armen Studiosi nicht um. Zur Ruhe gekommen, entdeckte Reuter seine wahre Berufung: er schriftstellerte fleißig und im Geiste der Komödien Molières. Bei Veröffentlichung der Texte versteckte er sich hinter einem Pseudonym, Hilario, und gab vor, die Worte aus dem Französischen übersetzt zu haben. Zensor Johann Heinrich Ernesti zögerte, doch gab er das Lustspiel *Die ehrliche Frau zu Plißine* zum Drucke frei. Alsbald hatte der junge Verleger Martin Theodor Heybey 400 Exemplare verkauft. *Ei sapperment!*, es war ein Spaß, denn die Bezüge zur Müller-Wirtin am Brühl und ihren Kindern waren all zu offensichtlich. *Der Tebel hol mer!* Bis hinein in ihre Redensarten wurde Anna Rosine zitiert. Frau *Schlampampe* nannte sich im Stücke die Frau, ihre Kinder hießen Charlotte, Clarille, Schelmuffsky und Däfftle. Man erkannte sie alle wieder.

»Kam sie auf den Markte, so stunde sie mitten unter dem Haufen ihrer liederlichen Zuhörern und erzählete, wieviel sie vorige Nacht Flöhe in Däfftle seinem Hemde gefunden, wie sie Herrn Schelmuffsky bei der jungen Magd im Bette erwischt und daß sie den Jungfern Töchtern das Bettuch abermal an den Ofen hängen müssen, weil sie solches mit ihren jüngferlich Ostertau etwas zu sehr angefeuchtet. Bald gab sie der Frau Nachbarin den Rat, wie sie ihrem Manne durch eine gute Kraftsuppe wieder in den Sattel helfen solle, bald wußte sie ein gutes Mittel zu erzählen, wodurch der harte Leib der großen Magd wieder zu eröffnen oder wie der gefährliche Geschwulst der wassersüchtigen Jungfern künstlich zu vertreiben. Ja, wie die Ente jeden Tag nichts als Dreck, Dreck schreiet, so hatte auch Frau Schlampampe nichts als Dreck, das ist garstige Zoten, Saufratzen und unsaubere Röckeleien in dem Munde. O pfui der garstigen Plauderente!«

Reuters Kommilitonen zogen in Gruppen hin *Zum rothen Löwen* und skandierten genüsslich die Verse und die Gerüchte: Der Gulasch-Topf auf dem Abendtisch würde auch als Nachtgeschirr im Hotel benutzt werden. Das Bier sei gepanscht. Sauberkeit ließe zu wünschen übrig. Schaben und Motten und Ungeziefer allüberall. Eine wahre Schlampenwirtschaft sei's Gasthaus. Solche Worte gereichen einer Wirtin natürlich zur Unehr'.

Frau Anna Rosine verzweifelte und zog am 5. Oktober 1695, vom Schwiegersohn unterstützt, vor Gericht und klagte dem *Hochedlen Rath der Stadt Leipzig*, »daß sie die zween Studenten Grel und Reuter, die ehemals bei ihr gewohnet, dann aber, weil sie keinen Pfennig Mietzins zahlten, nicht länger von ihr geduldet worden, bei Einer löblichen Universität denunciret habe, mit einigem Verdacht jener Comödie wegen, die kürzlich im Druck herausgekommen und aus der nachts etliche Personen allerlei Reden sowohl vor als auch gar zu ihrem Fenster herein gerufen hätten, so *ach, die ehrliche Frau* und *Schelmuffsky* auch *der Tebel ho mer!* oder *Ei sapperment!*, daß auch des Abends Jungen vors Haus getreten und eben davon gesungen und gestern des Herrn Griebners Sohn ausdrücklich vermeldet habe, daß selbige Comödie auf sie gemachet und das in ihrem Hause befindliche neue Gebäude übern Wassertroge darin deutlich abgebildet sei. Auch möchte, wofern diesem Geschrei an ihrem Hause nicht gesteuert würde, leichtlich groß Unglück entstehen, indem ihr ältester Sohn heute oder morgen heimkomme und es nicht leiden möge.«

Wer der Federführer dieses Schmähstücks war, war Anna Rosine Müller augenblicklich klar: ihr säumiger Mieter, der Christian Reuter. Und bei einem Stücke ließ es der Autor nicht bewenden. Zunächst erschien *L'Honnéte Femme Oder die Ehrliche Frau zu Plißine / in einem Lust-Spiele vorgestellet /*

und aus dem Französischen übersetzt von HILARIO. Nebst Harleqvins Hochzeit- und Kind-Betterin-Schmause. Plißine/ Gedruckt im 1695sten Jahre. Wobei Plißine den Leipziger Stadtfluss Pleiße bezeichnet. Es folgten: *Der ehrlichen Frau Schlampampe Krankheit und Tod,* die Oper *Der anmuthige Jüngling Schelmuffsky und Die ehrliche Frau Schlampampe* und schließlich *Schelmuffskys wahrhaftige curiöse und sehr gefährliche Reisebeschreibung zu Wasser und zu Lande.* Ort und handelnde Personen waren stets gleich: Familie Müller und ihr Gasthaus *Zum rothen Löwen,* Brühl No. 40.

Nachdem in Leipzig der Streit der Parteien kein Ende fand, wandte sich die beleidigte Wirtin nach Dresden an Friedrich August I., Kurfürst von Sachsen und König von Polen-Litauen, persönlich. »Die bitteren Folgen kamen dieses Mal langsam. Am 31. Juli des nächsten Jahres wurde Reuter für acht Wochen in den verrufenen *Bauernkarzer* der Universität geworfen und Ende September – offenbar im Zusammenhang mit den großen Studentenunruhen vom 15. und 17. September, die sich gegen den Übertritt August des Starken zum Katholizismus wandten – auf sechs Jahre relegiert. Mutter Anna Rosine war es freilich nicht mehr vergönnt, den Triumph ihrer Rache zu feiern, schon am 3. Juni dieses *bösen Sommers* war sie unversehens mit Tode abgegangen. Reuter verschwand, wie es die Relegation ihm eidlich abverlangt hatte, aus Leipzig.« Ließ er sich doch in Leipzig sehen, verklagte ihn Familie Müller. Letztlich wurde er lebenslang von der Universität verbannt. Fortan verdiente Reuter sein Geld als Sekretär und später als preußischer Hofschreiber. »Keine Akte nennt rühmlich seinen Namen. Er blieb einer von vielen, die mit mythologisch-allegorischen Freuden- und Trauergedichten, mit Singspielen und Schäferpoesien, Huldigungscarmina allesamt, den Festkalender des ersten Preußenkönigs auszierten. Da war nicht Ruhm noch Ehre zu gewinnen, da verlor die Poesie jede Freiheit und Würde.

Müller-Sohn Eustachius, genannt Schelmuffsky, führte der Mutter nachfolgend die Geschäfte im *rothen Löwen.* »Als er 1713 das Zeitliche segnete, brach über sein Vermögen der Konkurs herein, und das Haus mußte versteigert werden.« Der Aufstieg der Familie Müller in die obere Gesellschaft Leipzigs war schmählich gescheitert. Er blieb ein Traum.

»So kamen die großen Ratspersonen, welche in vierzehnhundert Nobels bestunden, die bekomplimentierten mich und schätzten sich glücklich, daß sie die hohe Ehre haben sollten, meine vornehme Gegenwart zu genüßen. Als sie solch Kompliment gegen mich nun abgeleget hatten, so antwortete ich zu Pferde überaus artig auch wieder, in halb engelländischer, halb holländischer, wie auch bisweilen teutscher Sprache. Sobald als nun meine Antwortsrede aus war, hießen mich die sämtlichen Ratsherren absteigen und baten mich, daß ich ihr vornehmer Gast sein sollte. Worauf ich mit meinen großen Kober alsbald abstieg und gab Ordre, mein Pferd solange ins Häscherloch zu ziehen, bis daß ich gegessen hätte, welches auch geschahe. Damit so führeten mich drei Präsidenten in der Mitten auf das Rathaus hinauf, hinter mir her gingen nun die sämtlichen Mitglieder des Rats alle zu zwölfen in einer Reihe. Wie wir nun elf Treppen hoch auf das Rathaus gestiegen waren, ei sapperment! was präsentierte sich da vor ein schöner Saal. Er war mit lauter geschliffenen Werkstücken von Glase gepflastert, und anstatt des Tafelwerks waren die Wände mit lauter marmorsteinern Gipse ausgemalet, welches einen fast ganz die Augen verblendete. Mitten auf dem Saale, nicht weit von der Treppe, stund eine lange, von venedischen Glase geschnittene Tafel gedeckt, auf welcher die raresten und delikatesten Speisen stunden. Ich mußte mich nun mit meinem großen Kober ganz zuoberst an die Tafel setzen, und neben mir saßen die drei Präsidenten, welche mich die elf Treppen hinaufgeführet hatten. Weiter an der Tafel hinunter saßen die übrigen

Mitglieder des Rats und sahen mich alle mit höchster Verwunderung an, daß ich solchen Appetit zu essen hatte. Unter währender Mahlzeit wurde nun von allerhand diskurieret, ich aber saß gänzlich stille und stellte mich, als wenn ich nicht bis drei zählen könnte. Da ich mich aber sattgefressen hatte, so tat ich hernach mein Maul auch auf und fing an zu erzählen, wie ich in Indien einsmal von dem Großen Mogul so vortrefflich wäre beschenket worden und wie daß ich denselben den Calculum wegen seiner Einkünfte hätte führen müssen und wie ich noch halb soviel Überschuß herausgebracht, als er jährlich hätte einzunehmen gehabt, und daß der Große Mogul mich deswegen zu seinem Reichskanzler machen wollen, weil ich Adam Riesens Rechenbuch so wohl verstanden. O sapperment! wie horchten die Männer des Rats, da ich von dem Reichskanzler und Adam Riesens Rechenbuche schwatzte. Sie titulierten mich hernach nicht anders als ihre Hochwürden und fingen alle miteinander gleich an, meiner Gesundheit zu trinken.«

Christian Reuter: *Schelmuffskys kuriöse und sehr gefährliche Reisebeschreibung zu Wasser und zu Lande anderer Teil* (1697)

Versuchten die Müllers um Wittib Anna Rosine, mit sämtlichen Mitteln den gesellschaftlichen Aufstieg zu erlangen, gehörte die Familie des Franz Conrad Romanus zur Leipziger Oberklasse qua Geburt schon dazu.

Romanus' Vorfahren lassen sich bis ins 16. Jahrhundert zurückverfolgen und waren ansässig zu Köthen. Der Familie Erster, der in der Messestadt wirkte, hieß nach Tradition Franz. Er trug zum Namen damalig den Zusatz »von Muckershausen auf Braußwig«, was Stellung und Würde unterstreicht. Jener Franz Romanus von (Neu-)Muckershausen und Braußwig (1550–1636) war Doktor der Rechte, Oberhofgerichtsassessor, Rektor der *Alma Mater Lipsiensis* in den Jahren 1585, 1595, 1601, 1607. Er zeugte siebzehn Kinder und etablierte in Leipzig eine Juristendynastie. Einer seiner

Söhne namens Franz machte (fast) identisch Karriere: Leipziger Professor mit dem Titel *de Verborum Significatione et de Regulis Iuris* und Rektor der Universität. Dieser war wiederum Vater von vierzehn Kindern, u.a. von Caspar Theophilus Romanus, Rechtskonsulent.

Diesem Caspar Theophilus Romanus wird am 7. März 1671 Sohn Franz Conrad geboren. Die Mutter erlebte dessen Taufe am 8. März nimmer, sie verstarb im Kindbett. Der Vater heiratet neuerlich, Franz bekommt einen Halbbruder: Carl Friedrich. Beide Söhne widmen ihre Studien der Rechtswissenschaft und werden zum *Doctor iuris* promoviert. Mit 23 Jahren heiratet Franz Conrad seine Cousine Christiane Marie Brummer, mit der er acht Kinder zeugt. Zwei davon überleben: Christiana Mariana wird anerkannte Dichterin. »Die, welche sich nur selbst erheben, / Die gerne groß und vornehm sind, / Nach allen Ehrenämtern streben, / Da doch den Kopf nichts füllt als Wind: / Die keine Wissenschaften kennen, / Und dringen sich in Würden ein, / Die kann man wohl mit Namen nennen, / Daß sie der Thorheit Kinder seyn.« Ihr Bruder Franz Wilhelm setzt nicht nur im Namen die Traditionen fort: Er wird Universitätsprofessor und unterrichtet – Rechtswissenschaft.

Franz Conrad Romanus also nahm den vorgegebenen Weg: Schule, Studium, Promotion (1692), eigene Kanzlei, erhabener Wohlstand. Die Rechtsgeschäfte gingen gut, und Gattin Christiane Marie brachte 30.358 Taler in die Ehe ein. Mehrfach wohnte der Advokat am Hofe zu Dresden, wo er im Kanzleramte tätig war und er dem Kurfürst und König angenehm auffiel. »Franz Conrad Romanus hatte eine hohe, stattliche Gestalt, unter der schweren Allongeperücke ein jugendliches Gesicht mit klarer, hoher Stirn, schöngezeichnete Augenbrauen, lebhafte und milde Augen, ein energisches Kinn, etwas aufgeworfene Lippen, um die meistens ein feines Lächeln spielte. In Dresden hatte er sich Hofschliff angeeignet, und als die rechte Hand des Staatskanzlers Beichlingen war er vielfach in Verhandlungen tätig gewesen, die mit seinem juristischen Amte nichts zu tun hatten.« Wahrscheinlich sah August der Starke in dem strebsamen und diplomatisch geschickten jungen Manne Potenz, die ihn in Leipzig Einfluss gewinnen lassen würde. Denn die selbstbewussten Bürger der Messestadt handelten nicht immer nach seinem kurfürstlichen Willen. Vor allem öffneten sie nicht ihre Schatullen, wenn August der Starke klamm war. Geld bedurfte das Herrscherhaus zu Dresden ständig, um seine Pracht entfalten zu können. Franz Conrad Romanus wurde vom Herrscher zum Appellationsrat berufen, das verpflichtete. Nun harrte der Advokat seiner weiteren Karriere. Die Hoffnungen erfüllten sich durch kurfürstliche Einflussnahme.

August des Jahres 1700: Leipzigs unabtretbar scheinendes Stadtoberhaupt Adrian Steger segnete das Zeitliche im stattlichen Alter von 78 Jahren. Dem Kurfürst wäre es genehm, wenn sein getreuer F. C. Romanus diesen verantwortungsvollen Amtsstuhl besetzen tät. So versuchte August der Starke, die freie Bürgermeisterwahl *per decretum* zu hintertreiben, er erließ eine *Verordnung ohne Widerrede:* »Demnach bei Unserer Stadt Leipzigk durch absterben Adrian Stegers eine Bürgermeisterstelle sich erledigt, welche bei nächstkünftiger Wahl des neuen Raths zu ersetzen die Nothdurft erfordert, und Wir aus sonderbaren Gnaden, gutem Wohlbedacht und reiflicher Überlegung auf Unseren Appelation-Rath D. Franciscum Conradum Romanum wegen seiner Uns bishero treu geleisteten Dienste und guten qualitaeten, absonderlich auch der zu Beförderung derer Commercien ihme beiwohnende Wissenschaft Unser Absehen gerichtet: Alß begehren Wir hiermit, Ihr wollet ernannten D. Romano das Bürgermeisteramt förderlichst antragen«, meinte der Kurfürst und hatte keinen Zweifel, dass Leipzigs Rat nach seinem Wollen auch handelte.

Der Leipziger Rat jedoch fühlte sich hintergangen, mehr noch brüskiert, sah das Wahlgesetz verletzt, das ihm alleinig das Wahlrecht seines eigenen Stadtoberhaupts zugestand. Außerdem empfanden die alten Herren den Kandidaten von Königs Gnaden mit gerade mal 30 Lenzen für das hohe Amt zu jung, viel zu jung. In der Stadt schien es Usus, dass man »70 Jahre alt sein müsse, um im Stadtregiment etwas bestellen zu können«. Öffentlich stellten sich die Ratsherren nicht gegen den herrschaftlichen Besetzungsvorschlag, hofften jedoch, dass der Kurfürst mit der Überreichung von 100.000 Gulden seinen Willen ändern möge. Bestechung.

Eilig schickte man Stadtsyndicus Gottfried Graeve zum Schloss hin nach Warschau. »Der König blieb dabei, sein Appellrat Dr. Romanus sei der geeignete Mann für den Posten eines regierenden Leipziger Bürgermeisters; auch das Angebot von Geldgeschenken, das im Namen des Rates gemacht wurde, blieb unberücksichtigt, obwohl der König sich ja, seitdem er die politische Krone trägt und seit dem unseligen Schwedenkriege, stets in größter Geldnot befindet. Man wies daraufhin, wie oft wir mit sehr hohen und starken Geldsummen aufgewartet, und daß wir ihm trotzdem einen weiteren Vorschuß von hunderttausend Gulden in Aussicht stellen wollten, wenn er seinen Befehl betreffs des Dr. Romanus zurücknehme; im übrigen sei es ohne Beispiel, daß jemand in dieser Weise, bei solcher Jugend und ohne vorher im Rate gewesen zu sein, sich ins Bürgermeisteramt eingedrängt habe.«

August der Starke verzichtete auf das ihm dargebotene Geld, es schien ihm wohl mit Günstling Romanus auf dem entscheidenden Posten Leipzigs der eigene Vorteil lang anhaltender und ungleich größer. Der Kurfürst setzte seinen Willen durch, und Romanus verdoppelte die bisherige Besoldung der Ratsleute um 50 Taler. Bestechung. Der Durchschnittslohn der arbeitenden Bevölkerung lag bei 20 Talern im Jahr, meist jedoch erheblich drunter.

Ein Jahr hatten das Postengeschacher, die Reden und Widerreden und diplomatische Hintergrundgespräche gedauert. Doch endlich: »Vor dem Leipziger Rathause stand gaffend eine dichtgescharte Menge; schwül brannte die Augustsonne auf dem Pflaster. Es war der 22. August 1701. Befremdliche Dinge waren vorgegangen; ein neuer Bürgermeister war gewählt worden, aber nicht nach der freien Wahl des Rates, sondern er war dem Rate mit Nichtachtung aller Privilegien aufgedrängt worden durch ein Dekret des Kurfürsten, und heute sollte der neue Bürgermeister in sein Amt eingeführt werden. Das alles hatte großes Aufsehen erregt. Das alte Recht war gebrochen worden.«

Die »löbliche Bürgerschaft mit jedermann Vergnügen« akzeptierte ihren neuen Bürgermeister notgedrungen. Und der Kurfürst erklärte nach Erlangung seines Willens allergnädigst und besänftigend, »daß dasjenige, was mit ietzt gedachten Dr. Romani Beförderung zum Bürgermeister-Ambte zu Leipzig vorgegangen, dem Rathe daselbst zu keinem Praejudiz gereichen noch zu einem Exempel der Nachfolge angezogen werden, sondern besagter Rath in Zukunft bei der freien Rathswahl ohne Eintrag und Hinderniß« wieder eigenverantwortlich handeln könne. Das war insofern kein Problem, da der junge Bürgermeister sein Amt und seinen Einfluss noch gut 30 bis 40 Jahre ausüben würde. Und August der Starke erleichterte den Leipziger Ratsherren die Akzeptanz seines Günstlings mit dem wohlmeinenden Hinweis, dass die »einem jeden Raths-Freunde von Bürgermeister an bis auf den Untersten über ihre bisherige Besoldung annoch einhundert Thaler« nochmal ums Doppelte aufgestockt würden. Bestechung.

Die Garde der alten Ratsherren (alle zählten über 60) verzieh wohl dem Jungspund seine despektierlichen Reden, ob diesem nun viermal höheren Salär. Und Romanus tat mehr: Er erließ der Stadt die aufwendig bürokratische Rechnungslegung. »Wir confirmieren auch weiter und bestätigen dem Rathe die Befreiung von Ablegung ihrer Administrations- und Haußhaltungs-Rechnungen und geben ihnen hiermit allergnädigste Versicherung, daß keine Revision sie wieder anordnet.« Was letztlich hieß: Romanus weitete seine Machtbefugnis aus und sah über bisherige Schlampereien in Kassen- und Unterschriftenordnung hinweg. Er forderte, »keinerlei Unregelmäßigkeiten zuzulassen und jede eigenmächtige Benutzung des Kasseninhaltes zu unterbinden«. Clever, denn alleinig ihm, Franz Conrad Romanus, oblagen nunmehr Aufsicht und Kontrolle der Leipziger Finanzen.

Solch arbeitsteiliges und freundliches Gebaren bei der Besetzung neuer Posten ließ die mürrischen Ratsherren mit Romanus gut auskommen. Die Stadtbewohner nannten ihren neuen Bürgermeister alsbald ihren »Bürgervater«. Denn Romanus brachte Leipzig auch anderweitig spürbare Erleichterungen. Am *Heiligen Abend* 1701, vier Monate nach Romanus' Amtsantritt, erhellten erstmals 700 Öllampen Straßen und Gassen. Das minderte auf nächtlichen Wegen die Gefahren, machte die Stadt sicherer, so dass »viel Sünden, sonderlich wider das fünfte, sechste und siebenthe Geboth, mercklich gesteuret und kräfftiglich verwehret werden«. Die Leuchter »stehen auf zwei Meter hohen Holzpfosten. Die Laterne selbst ist aus Eisenblech gebildet und mit einem kleinen Türchen versehen, durch das der Docht entzündet wird.« Drin eine Schale mit Rübsöl (ähnlich dem Raps), welches die Flamme nährte. »Gleichzeitig mit dieser hochlöblichen Anstalt werden Strafen angekündigt, die derjenige zu erwarten hat, der eine Lampe beschädigt: Stellen an den Pranger, Landesverweisung, Anhaltung im Zuchthaus zu schwerer Arbeit, Züchtigung mit Ruten und weitere Leibesstrafen, je nach Grad der Beschädigung.«

Man war sich der Innovation und der Wirkung bewusst: Es »war ein erbaulich Schauspiel, wie auf den langen Häuserreihen auf einmal so merkwürdige Lichtscheine spielten, wenn sie auch nicht zu den Giebeln empordrangen, und die Vorübergehenden konnten sich in die Gesichter sehen, während sonst im tiefen Dunkel nur Schatten sich bewegten. Am hellsten schien der Marktplatz beleuchtet und das Rathaus, von dem all dies Licht ausgegangen war.«

Solch beeindruckende Illumination der Stadt durfte nächtens nie verlöschen, auch zeitweise nicht. Frost hätte das Öl stocken lassen, deshalb gossen Lampenwärter Alkohol ins Schälchen, damit das Licht auch bei Minusgraden hell leuchtete. Nicht allen Alkohol schütteten sie aus, die Redewendung von »einen auf die Lampe gießen« findet hier ihren Ursprung.

Trotz Erleuchtung und internationaler Messe, die Neuzeit hatte auch in Leipzig noch nicht begonnen. Mittelalterliche Städte stanken zum Himmel. Viele Menschen hielten Vieh: Schweine, Kühe, Gänse. Scheiße, Mist und Abfälle landeten auf offener Straße. Der Stadtgraben war ein einziger Fäkaliensumpf. »Bürgervater« Romanus ließ über Schleusen all den Unrat in das Flüsschen Pleiße hinwegspülen. 1702 begannen seiner Anordnung gemäß die ersten Kanalisationsarbeiten. 1755 war das Projekt innerstädtisch abgeschlossen. Er selbst kam nicht mehr in den Genuss der Hygiene.

Und Franz Conrad Romanus trug rechtens seinen vom Volk vergebenen Ehrentitel: Der »Bürgervater« schuf ein Almosenamt für die Bedürftigen und finanzierte es aus Lotterie-Einnahmen. Er erkannte das musikalische Talent des Jurastudenten Georg Philipp Telemann und unterstützte ihn bei der Gründung des Collegiums Musicum. Aufgrund seiner Erfolge und Reputation wählte man F. C. Romanus im Februar 1704 zum Vorsteher der Nikolaikirche, der Kurfürst ernannte ihn zum Geheimen Rath, zum Assessor des Schöppenstuhls, zum Canonicus in Wurzen und beim Landgericht der Niederlausitz. Romanus' Bezüge erhöhten sich auf jährlich 700 und die der alten Ratsmitglieder auf 500 Taler. Folgerichtig stimmte der Stadtrat den von Romanus vorgetragenen finanziellen Forderungen des Dresdner Herrscherhauses zwar zähneknirschend, aber immer wieder zu.

Im April 1701 hatte August der Starke von Leipzigs Bürgern zunächst 50.000 Gulden gefordert. Man zahlte. Dann wurde es regelmäßig mehr. Und man zahlte. Doch endlich, 1704, strich der Rat die vom Kurfürst verlangten 250.000 Taler auf 100.000, die man zahlte. Im Folgenden arrangierte man sich bei Zusammenarbeit und Geldzuwendungen mit dem Hof zu Dresden. Stadtentwicklung, Messe und Geschäfte entwickelten sich zu beiderseitigem Vorteil. Nach der zweiten Amtszeit gab Romanus seinen Posten weiter. Seine Arbeit war getan. Nachfolger Dr. Johann Alexander Christ lobte, dass Franz Conrad Romanus »viel Proben seines hohen Verstandes, viel gutes zu wege gebracht habe«. Die Bevölkerung konnte ihren Helden nie vergessen, denn Romanus hinterließ der Stadt am Brühl ein Kleinod in Stuck und Stein: sein Wohnpalais und Geschäftshaus.

»Staunend betrachteten die Leipziger und ihre Messegäste das imposante Gebäude, als die Gerüste fielen. Über dem viergeschössigen Bau mit Mansarddach thronte ein mit zwei goldenen Vasen verzierte Belvedere, aus dem man nach allen Seiten eine schöne Aussicht genießen konnte.« Seit 1704 prunkt das *Romanushaus* an der Ecke Katharinenstraße / Brühl. Mit seinem Gelde und der Mitgift seiner Frau erwarb Franz Conrad Romanus zum kleinen Erbgrundstück die angrenzenden Häuser, ließ sie abreißen und den Flecken neu bebauen. Architekt und Ratsmaurer Johann Gregor Fuchs war der »erste unter den Leipziger Barockbaumeistern«, und mit seinem »*Romanushaus* begann die Blütezeit des bürgerlichen Barock in Leipzig, in der etwa ein Drittel aller Häuser der Stadt neu errichtet oder im Zeitgeschmack umgebaut wurden«. Auch hier setzte der »Bürgervater« Maßstäbe. Der Hausbau verschlang 150.000 Taler. Niemand in der Stadt bezweifelte, dass der Bürgermeister dafür über ausreichend Mittel verfügte …

Bis Bernt Wolf, ein Banker aus Halle / Saale (außerhalb der Landesgrenzen Sachsens traditionell die nahe Konkurrenzstadt zu Leipzig), im November 1704 einen Leipziger Rats-schein im Werte von 5.000 Talern zum Verkaufe bot. Schuld-scheine und Anleihen »gehören für eine Unternehmung zu den klassischen Mitteln der Beschaffung von *Fremdkapital.* Sie verbriefen einen Rückzahlungsanspruch und Zinszah-lungen in bestimmter Höhe als Entgelt für die Überlassung des Kapitals. Während ein Investor durch den Kauf von Ak-tien (Mit-)Eigentümer der Unternehmung wird, sind die In-haber von Anleihen Gläubiger. Im Unterschied zu Krediten werden Anleihen im Prinzip öffentlich begeben, so dass je-dermann dem Emittenten der Anleihe Kapital für die Dauer der Laufzeit überlassen kann. Sie unterscheiden sich durch abweichende Konditionen wie unterschiedliche Laufzeiten, den Währungen, in denen sie erworben und zurückgezahlt werden sowie der Art der vom Schuldner zu erbringenden Verzinsung.«

Die Praxis solcher Schuldverschreibung war und ist bis heute üblich. Bernt Wolfs Papier trug die Unterschriften dreier *ehrenwerter Rathsmitglieder.* Da gab's für Zweifel keinen Anlass. Nur hatte der Leipziger Rat zum Datum der Wechselausstellung keine Schuldscheine ausgegeben. Die genaue Betrachtung der Signa bewies: Es waren Fälschun-gen zu Ungunsten der Stadt. Betrug! Man glaubte an ein »boshaftig falsum« des Hallensers und forderte seine so-fortige Verhaftung. Doch war das Formular der Täuschung echt und stammte nirgendwo anders her als aus dem Leip-ziger Rathaus.

Der Verdacht fiel sofort auf den damals kassenverantwort-lichen Bürgermeister. Sollte Franz Conrad Romanus sich selbst auf diese Weise bereichert haben? Der Bürgermeister beschwichtigte und konnte den Rat beruhigen, zu ungeheu-erlich auch der Verdacht.

Doch nur Wochen später tauchte ein zweiter gefälschter Stadtschuldschein auf: wieder über 5.000 Taler, mit dem gleichen Wortlaut auf Originalformular und drei gefälschten Unterschriften: *Johann Alexander Christ D. als Consul regens, Gottfried Wagner als regirender Baumeister, Johann Christian Lünig als Stadtschreiber.* Und nochmals gelang es Franz Conrad Romanus, den Verdacht der Ratsmitglieder von sich abzulenken und zu zerstreuen.

Am Dienstag, den 19. November 1704, hatte sich Romanus aufgemacht, um beim König in Warschau Gespräche zu führen. Das war nicht verwunderlich, galt Romanus als enger Vertrauter Augusts des Starken. Man kannte sich aus alten Zeiten und von der Messe her, denn staatstragend eröffnete der sächsische Kurfürst jährlich dreimal »allhier in seinem Leipzig« die Handelswochen. Doch die Abwesenheit von Altbürgermeister Romanus nutzte der nun misstrauisch gewordene Dr. Johann Alexander Christ und sah zwei Tage später im Depositenschranke nach, wo Leipzig seine Wertanlagen verwahrte. Die Schlüsselgewalt darüber hatte bis dato alleinig Franz Conrad Romanus ausgeübt, nur hatte der aufgrund seiner Polenreise alle Schlüssel abgegeben. Dr. Christ stellte erschüttert fest: Es fehlten nach den Büchern erhebliche Beträge. Ob der Differenzen nahm der amtierende Bürgermeister Christ wohl mehrfach mit F. C. Romanus brieflich Kontakt auf. Der peinlich befragte Romanus jedoch antwortete sehr selbstbewusst und warf dem Leipziger Rat seine eignen Schludrigkeiten vor. »Jeder hat halt Dreck am Stecken.« Eingeschüchtert veranlasste keiner der Honoratioren eine Ermittlung.

Neujahrsmesse 1705: Hamburger Bankiers legten unter behördlicher Aufsicht erneut zwei Wechsel vor. Beide verplombt mit vier kleinen Stadtsiegeln und dem Großen Ratssiegel dazu. Einer belief sich auf 53.333 Taler und 16 Groschen. Weitere folgten: ein preußischer Kammerherr und Marschall forderte 20.000 Taler, Kaufmann Moses Goldschmidt 10.000 Taler, das Handelshaus Berthold & Sohn, Hamburg, 48.000 Taler. Leugnen zwecklos, die Schuld Romanus' war bewiesen, kein andrer hatte zu diesem dreisten

Betrug Mut und alle Möglichkeiten. Doch der beschuldigte Altbürgermeister berief sich auf höheren Befehl und zog eine *Specialordre* Augusts des Starken aus der Tasche: Die Unterschrift des Kurfürsten schien Romanus' Handeln offiziell zu sanktionieren. Der Herrscher in Finanznot hatte seinem Vertrauten vertraut, und dieser sammelte für ihn auch illegal in Leipzig Gelder. Romanus gab dafür Stadtanleihen heraus, Geschäftsleute investierten, denn die Messemetropole versprach beste Rendite. Die Anleger bauten auf den guten Namen der Stadt. Doch kamen die eingeforderten Gelder Leipzig nie zu Gute, sondern wurden fort überwiesen und versickerten alsbald im Dresdner Hofhaushalt. Wenn man auch vermutete, er habe selbst am Schwindel reichlich verdient, Name und Ruf des Franz Conrad Romanus schienen abermals gerettet.

Der Bürgermeister hatte aber noch mehr für seinen Fürsten und König tun wollen und dem Landesherren ein Gesetz zur völligen Entmachtung der Kommunen vorgeschlagen, indem er die Finanzen aller Städte unter kurfürstliche Kuratel zu stellen beabsichtigte. »Dem Leipziger Rat und dann auch allen anderen Stadtbehörden des Landes sollte ihre freie Verwaltung entzogen, die Stadtvermögen und die Einnahmen wie Ausgaben der Städte unter kurfürstliche Aufsicht gestellt, die jährlichen Überschüsse dem Landesherren abgeliefert, die Stadtbehörden also gleichsam in kurfürstliche Beamte verwandelt werden.« Das Inkrafttreten eines solchen Gesetzes hätte dem Hofe Gelder gebracht und gleichzeitig F. C. Romanus von allen Betrugsvorwürfen freigesprochen. Doch dazu kam es nicht. Zwar schien die leidige Affäre Romanus beendet, doch über Leipzigs Stadtgrenzen hinaus schwelten weiter die Gerüchte. Der kurfürstliche Günstling kam immer stärker in Bedrängnis, und für alle völlig unerwartet gab August der Starke seinen F. C. Romanus zur Verhaftung frei.

Am 16. Januar 1705 führte man den ehemaligen Stadtregenten auf die Pleißenburg. Öffentlich sprach keiner über *die Sache*. Man munkelte und glaubte an Verschwörungstheorien. Geschockt initiierten besorgte Leipziger eine Bittschrift für ihren »Bürgervater«. Der aufgeregte Stadtrat verbot eilig diese Petition. Bereits vier Tage später verbrachte man den Beschuldigten auf den Sonnenstein zu Pirna. Romanus' Privatvermögen wurde konfisziert. Der Rat unterzog seine Stadtkasse einer peniblen Inventur.

»Weitere Ratsscheine tauchten auf, mal mit den geforderten drei – gefälschten – Unterschriften, mal nur von Romanus unterzeichnet: Insgesamt wohl über *eine Tonne Goldes* (1.000 Taler). Auch fehlende Depositen ließen sich nachweisen: 4.400 Taler, 900 Taler, Geldsäcke, mit zwar komplettem Inhalt, aber mit Münzen späteren Datums, also aufgebraucht und mit andern Sorten wieder aufgefüllt.« Es fand von höchster Stelle angeordnet eine *allergnädigst angeordnete Inventirung* in Romanus' Wohnung statt: »Als befehlen Wir hiemit, ihr beiderseits conjunctim wollet euch ungesäumt in besagten Romani Haus begeben, deßen Zimmer und versiegelte Behältnüße eröffnen laßen, alle seine Scripturen, wo dieselben anzutreffen heraus suchen, ansehen, jedoch nicht durchlesen, in ein richtiges Verzeichnüß bringen und alle samt nebst dem Verzeichnüße in verschlossenem Kasten wohlverwahrt an Unseres Stadthalters Fürsten zu Fürstenberg Ld. förderlichst schicken.« Verwunderlich, dass die Ermittler selbst nicht in aufgefundenen Dokumenten lesen sollen. War der Kurfürst höchstpersönlich in *die Sache* verwickelt?

Die Durchsuchung des Bürgermeisterhauses beförderte am 7. Februar 1705 Erstaunliches zutage: »unter anderem *verschwundene* Gelder aus seiner Tätigkeit als Vorsteher der Nikolaikirche, und, zur Verblüffung der Ratsmitglieder, einen neuen Schlüssel für das Bürgermeisterpult in der Ratsstube sowie einen Wachsabdruck des großen Ratssiegels«.

Daraufhin berief man in Dresden eine Untersuchungskommission, die den Verfehlungen dieses Honoratioren nachgehen sollte. Die vier damit betrauten Beamten verhörten am 8. April 1705 den Delinquenten. Es ging um mehrmalig fünf- und sechsstellige Geldsummen, deren Verbleib weder nachgewiesen noch erklärt werden konnte. Einem zweiten Verhör am 20. des Monats verweigerte sich Franz Conrad Romanus und verlangte schriftlich, sich an den Kurfürsten persönlich wenden zu dürfen, denn »man mische ietzo Rathsdinge mit ein, da ihm doch in Leipzig versprochen worden, daß er nur über königl. Sachen befragt werden solle«. Er wollte »Sr. Königl. Majestaet decision überlassen, ob sie ihn condemniren oder pardoniren wollten«. Aber die Kommission ermittelte nicht nur in der Sache der manipulierten Stadtfinanzen, die August der Starke sanktionieren konnte oder würde. Offensichtlichen war weit mehr an Geld und Werten abhanden gekommen und im privaten Säckel des Bürgermeisters versickert, als es zunächst schien. Auch beim Bau des *Romanushauses,* das derweil am Brühl in der Frühlingssonne leuchtete.

Die Pracht-Immobilie drohte als Schadensersatzzahlung verkauft zu werden. Frau Christiana Marie kämpfte mit allen Mitteln und mit Verve, das Palais im Familienbesitz halten zu können. Gesuch um Gesuch um Bittbrief sandte sie an die kurfürstlichen Ministerien und Ermittler, an Reichsgraf von Flemming und an August den Starken persönlich. Die Juristen der Familie, Schwager Carl Friedrich Romanus und Onkel Georg Winckler, nutzten jedes Gesetz und jede Lücke gegen dieses *schimpffliche Verfahren*, um Christiane Marie und den Kindern ihren Besitzstand zu erhalten. Unstrittig war, Frau Romanus hatte eine stattliche Mitgift von über 30.000 Talern in die Ehe eingebracht. Ein Argument, das sich nun auszahlte. Denn obwohl *Sr. Königl. Majestaet* ins gerichtliche Verfahren um das getreue, dann straffällig gewordene Leipziger Stadtoberhaupt nicht eingriff, so half er dessen hinterbliebener Gattin und beeinflusste den drohenden Konkurs wohlgefällig in ihrem Sinne. Der Schuldige mittlerweile saß im *Ersten Staatsgefängnis* Sachsens: Elbsandsteingebirge, Festung Königstein.

Auch für ihren Mann versuchte Christiane Marie alles Mögliche erträglicher zu gestalten. Sie ertrotzte Besuche und Hafterleichterungen. Manches erreichte sie. Doch der Prozess gegen den Leipziger Ex-Bürgermeister verhandelte letztendlich 844 Inquisitionsartikel, was heißt: 844 Mal Betrug. Festgestellt werden konnte: Nicht nur die Stadt und ihren Rat hatte Romanus zum eigenen Vorteil betrogen, auch August den Starken in Person und seinen Hof. 65.700 Taler standen bei der Stadt zu Buche, 255.487 Taler bei der Staatsregierung. Ein Skandal!

Das Verfahren zog sich hin. Erweitert wurde es im Juli 1708. Unter Umgehung der Zensur hätte Bürgermeister Romanus, wussten anonyme Kläger, ein *franzoesisch tractaetlein* drucken lassen, eine unerhörte *Schand- und Schmähschrift contra den Roi de Pologne*. Der Scharfrichter in Dresden verbrannte das Traktat öffentlich vor aller Augen. Eine staatsgefährdende Affäre. Eine peinliche Untersuchung wurde eingeleitet, alle Vorwürfe neu verhandelt. Stets kamen weitere Anklagepunkte hinzu. 1710 wurden alle Aktivitäten eingestellt und die Verhandlung ergebnislos beendet. An einer Verurteilung des Delinquenten schien niemand mehr interessiert. F. C. Romanus blieb einfach in seiner Zelle sitzen. Zumindest erleichterte man ihm nachfolgend die Haftbedingungen: So wurde ihm 1711 endlich erlaubt, Kirche und die Gottesdienste zu besuchen. Presseschau war ihm möglich. Später gestattete man ihm die Lektüre von Büchern. Frau und Kinder erhielten Besuchserlaubnis. Gar ein Kind soll er mit Gattin Christiane Marie hinter Festungsmauern noch gezeuget haben. Über Franz Conrad Romanus' Leben gibt es keine weiteren Zeugnisse. Seinem Fürsten leistete er aber auch in Haft gute Dienste. Denn immer, wenn sich Leipzigs Rat landesherrlichen Forderungen widersetzte, drohte August der Starke mit der Wiedereinsetzung von Franz Conrad Romanus in sein Amt, und Leipzig zahlte anstandslos.

»Nun war es, der Tebel hol mer, ein sehr nachdenklicher Traum, denn mich träumete, wie daß ich auf der See wäre und wie daß mir so ein grausamer Durst ankam. Weil ich aber vom guten Getränke, womit ich mir gerne den Durst löschen wollte, nichts finden kunnte, so war es nicht anders, als wenn ich meine Kapermütze nehme und schöpfte dieselbe voll Seewasser, welche gekrübelte voll große rote Würmer und grüne Maden war, die hatten, der Tebel hol mer, große, lange, breite und spitzichste Zähne in den Schnauzen und stunken wie das ärgste Luder. Dasselbe Wasser soffe ich nun mit all denen Würmern in mich hinein und schmackte mir so uneben nicht, denn die Würmer schlichen mir so glatt mit hinunter, daß ich's nicht einmal gewahr wurde, doch einer wäre mir bald im Halse steckengeblieben, wenn ich nicht im Träume geschluckt hätte, denn er war mir mit seinen Zähnen in meinen Halse unter der Zunge an den Zapfen hängengeblieben, sobald ich aber einen Schluck tat, war er augenblicks auch bei der sämtlichen Kompagnie. Nach Verfließung einer Viertelstunde hätte man schön Schreiens und Bölkens in meinem Magen gehöret, o sapperment! wie bissen sich da die Würmer und die Maden in meinem Leibe, es war, der Tebel hol mer, nicht anders als wie eine Hasenhetze, und bluteten alle miteinander wie die Schweine. Nachdem sie sich nun so eine gute Weile im Leibe herumgekampelt hatten, so wurde mir darauf abscheulich übel und fing mich an zu brechen; da hätte man nun schön Speien gesehen, wie ich spie, es ging, der Tebel hol mer, hinten und vorne vier ganzer Stunden nacheinander weg und im Träume immer ins Bette hinein, daß ich auch endlich gar darüber aufwachte. Wie ich nun aufgewacht war, so lag ich, der Tebel hol mer, bis über die Ohren in lauter Unflate und krochen in demselben wohl über hunderttausend solche rote Seewürmer und grüne Maden mit großen Zähnen herum, die fraßen das Gespiene alle miteinander wieder auf und verschwunden hernach, ehe ich's mich versahe, daß ich auch die Stunde nicht weiß, wo sie hingekommen sein. Dasselbe Speien kontinuierte bei mir nun vier ganzer Wochen eine Nacht und alle Nächte, denn es mußte wohl von der Luft herrühren, weil ich auch flugs so sehre an Händen und Füßen ausschlug. Es war, der Tebel hol mer, mein ganzer Leib über und über wie eine bürkende Rinde, und die Haut fing mir an zu gucken, wie nichts Guts, daß ich mir auch manchmal, wenn ich den Kaperrock angezogen hatte, das Leder so zerriebe, daß bisweilen die glänzenden Rubinen wie Kleister oder Buchbinderpapp in meinem Kaperrocke fingerdick kleben blieben. Ich brachte wohl ein ganz halb Jahr damit zu, ehe ich das Zeug vom Halse recht wieder loswerden kunnte.«

Christian Reuter: *Schelmuffskys kuriöse und sehr gefährliche Reisebeschreibung zu Wasser und zu Lande anderer Teil* (1697)

Böse Träume wie Lügenbaron Schelmuffsky ob der Aussichtslosigkeit seiner Lage und dem Verrat der Freunde wird Franz Conrad Romanus auf dem Königstein gehabt haben. Als er hinaufkam zur Gefängnisfestung, stand er mit 35 Jahren in der Mitte seines Lebens und blickte auf eine beachtliche Karriere zurück. Die hatte ihn in die allerhöchsten gesellschaftlichen Kreise geführt. Er war Politiker gewesen und gern gesehener Gast im Königshaus. Als Bürgermeister lenkte er mehr als die Geschicke seiner Heimatstadt. Sein Sturz war tief. Er blieb im Festungskerker sitzen, als ob man ihn vergessen wollte. All seine Gnadengesuche lehnten die Offiziellen ab, auch Kurfürst August und Minister Heinrich von Brühl. Vielleicht waren die Händel zwischen Romanus und dem Herrscherhaus in Dresden doch zu heikel gewesen, und man fürchtete, dass sie in der Öffentlichkeit zum Thema würden. Vielleicht barg die von Romanus zu verantwortende *Schmähschrift* zu viel an revolutionärer Potenz, und man befürchtete gesellschaftliche Unruhen. Leipzigs Ex-Bürgermeister Franz Conrad Romanus lebte 41 Jahre hinter den Königsteiner Festungsmauern. Erst der Tod erlöste ihn: am 14. Mai anno domini 1746.

Die Bewohner seiner Heimatstadt vergaßen ihren »Bürgervater« nie. Das »Schloss für den Fürsten von Leipzig«, das *Romanushaus,* am Brühl, Ecke Katharinenstraße, ist Schmuckstück geblieben und »ruft dem Beschauer keine altertümliche Zeit zurück; es ist eine neue, kurz vergangene, von Handelstätigkeit, Wohlhabenheit, Reichtum zeugende Epoche, die sich uns in diesen Denkmalen ankündet«. Den Worten Goethes wäre nichts hinzuzufügen.

Gäste auch Geister

Aufstieg und Fall eines Schankwirts

»... siehst Du denn nicht ein, daß wer die Menschen betrügen will, es ja nicht zu fein anfangen muß? So wie es fein ist, wird ja auch der Scharfsinn Jener geweckt, sie werden aufmerksam, denken, passen auf, und das Kunstwerk steht auf der Nadelspitze. Grob, plump muß der Menschenkenner zu Werke gehn. Die sich dann nicht damit einlassen wollen, wenden sich ganz ab, und auch das ist Gewinn; die Andern denken: Nein, so einfältig ist doch Keiner, die Sache zu erfinden, wenn nicht irgend Etwas daran wäre. Sagst Du ihnen, Du hast Carl den Zwölften gekannt, so lachen sie Dir ins Gesicht, behauptest Du aber dreist, Du habest mit Johann Huß Brüderschaft getrunken, so glauben sie Dir.«

Ludwig Tieck: *Die Wundersüchtigen* (1831)

18. Jahrhundert. Deutschland in Unruhe. Traditionen und Althergebrachtes stellte man in Frage. Der Bürger empfand Glück als sein individuelles Recht und erhob darauf persönlichen Anspruch. Die »*Aufklärung* ist der Ausgang des Menschen aus seiner selbst verschuldeten Unmündigkeit. Unmündigkeit ist das Unvermögen, sich seines Verstandes ohne Leitung eines anderen zu bedienen. Selbstverschuldet ist diese Unmündigkeit, wenn die Ursache derselben nicht am Mangel des Verstandes, sondern der Entschließung und des Mutes liegt, sich seiner ohne Leitung eines anderen zu bedienen. Sapere aude! Habe Mut, dich deines eigenen Verstandes zu bedienen! ist also der Wahlspruch der Aufklärung.«

Die Universitätsstadt Leipzig tat sich schwer mit freiem Geist und neuer Weltanschauung. Gottfried Wilhelm Leibniz und Christian Thomasius fanden mit innovativen Ideen in Wissenschaft und Politik an der *Alma Mater Lipsiensis* keinen Zuspruch und verließen ihren Geburtsort im Groll. Trotz alledem blieb Leipzigs guter Ruf als Handelsmetropole und Universitätsstadt weit über die Landesgrenzen hinaus erhalten.

Vater Goethe ließ 1765 seinen Sohn Johann Wolfgang in Leipzig Rechtswissenschaft studieren. Der junge Mann war vom großstädtischen Flair begeistert. »Als ich in Leipzig ankam, war es gerade Meßzeit, woraus mir ein besonderes Vergnügen entsprang: denn ich sah hier die Fortsetzung eines vaterländischen Zustandes vor mir, bekannte Waren und Verkäufer, nur an anderen Plätzen und in einer anderen Folge. Ich durchstrich den Markt und die Buden mit vielem Anteil; besonders aber zogen meine Aufmerksamkeit an sich, in ihren seltsamen Kleidern, jene Bewohner der östlichen Gegenden, die Polen und Russen, vor allen aber die Griechen, deren ansehnlichen Gestalten und würdigen Kleidungen ich gar oft zu Gefallen ging. Diese lebhafte Bewegung war jedoch bald vorüber, und nun trat mir die Stadt selbst mit ihren schönen, hohen und unter einander gleichen Gebäuden entgegen, die machte einen sehr guten Eindruck auf mich, und es ist nicht zu leugnen, daß sie überhaupt, besonders aber in stillen Momenten der Sonn- und Feiertage, etwas Imposantes hat, so wie denn auch im Mondschein die Straßen, halb beschattet, halb erleuchtet, mich oft zu nächtlichen Promenaden einluden. Indessen genügte mir gegen das, was ich bisher gewohnt war, dieser neue Zustand keineswegs. Leipzig ruft dem Beschauer keine altertümliche Zeit zurück; es ist eine neue, kurz vergangene, von Handelstätigkeit, Wohlhabenheit, Reichtum zeugende Epoche, die sich uns in diesen Denkmalen ankündet. Jedoch ganz nach meinem Sinn waren die mir ungeheuer scheinenden Gebäude, die, nach zwei Straßen ihr Gesicht wendend, in großen, himmelhoch umbauten Hofräumen eine bürgerliche Welt umfassend, großen Burgen, ja Halbstädten ähnlich sind. In einem dieser seltsamen Räume quartierte ich mich ein, und zwar in der Feuerkugel zwischen dem Alten und Neuen Neumarkt.«

Es war die Zeit, da die Feudalstruktur in Deutschland zu zerbrechen begann. Hof und Kirche verloren im gesellschaftlichen Leben an Einfluss. Gott war man höchstselbst, zumindest im Gedicht: »Hier sitz' ich, forme Menschen / Nach meinem Bilde, / Ein Geschlecht, das mir gleich sei, / Zu leiden, weinen, / Genießen und zu freuen sich, / Und dein nicht zu achten, / Wie ich!« Prometheus heißt der Held bei Goethe, und sein *Werther* handelt nach eigenem Willen bis hin in die lebensendliche Konsequenz. Zwei oft zitierte Sinnbilder für das erwachte bürgerliche Selbstbewusstsein. In dessen Folge entledigte sich auch der Alltag des gemeinen Volkes überkommener Zwänge.

Solcher gesellschaftlicher Wandel wurde auch im Privaten und in Medien diskutiert. Offenheit provoziert zwangsläufig auch das Gegenteil. Geheimes wurde bei geheimen Veranstaltungen vorgetragen, die nur auserwählten Mitgliedern zugänglich waren und meist der eignen Vorteilsnahme dienen sollten: Zugewinn an politischem Einfluss, finanzielle Besserstellung, Befriedigung sexueller Gelüste. Zu deren Durchsetzung schreckte man auch nicht vor kriminellen Machenschaften zurück, sie scheinen zwangsläufig zu geheimen Bündnissen zu gehören. Sie sind ihnen immanent. Denn »ein Komplott muß, wenn es denn eines sein soll, geheim sein. Es muß ein Geheimnis geben, dessen Kenntnis, hätten wir sie, uns frustrieren würde, denn entweder wäre es das Geheimnis, das uns zum Heil führt, oder die Kenntnis des Geheimnisses wäre mit dem Heil identisch. Gibt es so ein leuchtendes Geheimnis? Gewiß, vorausgesetzt, es wird nie enthüllt. Einmal enthüllt, würde es uns nur enttäuschen.«

Geheimgesellschaft. Geheimlehre. Geheimwissen. Der Mensch vertraut nur allzu gern jenen, die auf leichtem Wege Gesundheit, Geld und Liebe versprechen. Für den erwarteten Erfolg ist man bereit, (fast) jeden Preis zu zahlen. Okkultisten, Propheten, Scharlatane. Aufschneider und Hochstapler mit klingenden Namen gehören zur damaligen Zeit: Casanova, Cagliostro oder der Graf von Saint Germain. Den charakterisieren Zeitgenossen so: »Er ist ein hochbegabter Mann mit hellwachem Verstand, doch ohne jede Urteilskraft. Er hat seinen einzigartigen Ruf nur durch erniedrigendste und gemeinste Schmeichelei erworben, deren ein Mensch fähig ist, und durch seine außerordentliche Eloquenz, mit der er sich, insbesondere wenn man sich von dem Eifer und Enthusiasmus mitreißen lässt, artikulieren kann. Die Triebfeder seines Handelns ist seine bodenlose Eitelkeit. Er ist anregend und unterhaltend in Gesellschaft, so lange er nur erzählt. Doch sobald er versucht, eigene Gedanken zu entwickeln, kommt seine ganze Schwäche zum Vorschein. Doch wehe dem, der ihm widerspricht.«

Einflussreiche Persönlichkeiten, Kurfürsten und Könige erlagen dem Charme und den Versprechen solcher Wahrsager und Heilsbringer und Alchimisten. Johann Friedrich Böttger schuf August dem Starken statt echtem Gold das weiße Meißner Porzellan. Preußens König Friedrich Wilhelm I. ließ sich von seinen toten Vorfahren beraten, mit denen er in gut organisierten Beschwörungsritualen kommunizierte. Und Goethes Faust versucht mit zauberischen Mitteln, der unbefriedigenden Situation zu entfliehen und endlich zur umfassenden Welterkenntnis zu gelangen: »Es möcht kein Hund so länger leben! / Drum hab ich mich der Magie ergeben, / Ob mir durch Geistes Kraft und Mund / Nicht manch Geheimnis werde kund.«

Mysterienkulte und geheime Riten existieren seit alters her. In der Zeit »der Aufklärung entfaltete sich im Zuge des *Strukturwandels der Öffentlichkeit* ein reges Vereinsleben jenseits der vormodernen Vergesellschaftungsformen von Hof und Kirche, das in Teilen in Form von Geheimbünden ablief. Als Ursache für die verbreitete *Arkanpraxis* sind vor allem die Repressionen des absolutistischen Staates zu nennen, dem alle Treffen verdächtig waren, in denen eine die Ständegesellschaft transzendierende Gleichheit und eine das staatliche Deutungsmonopol missachtende freie Meinungsäußerung praktiziert wurden.«

Insbesondere die Logen der Freimaurer gerieten schnell in einen sagenhaften und unheimlichen Ruf. Einst als Berufsvereinigung der Steinmetzbruderschaften entstanden, gaben sie diese Kenntnisse und Praktiken nur in der verschworenen Gemeinschaft weiter. Die war hierarchisch aufgebaut, und die Mitgliedschaft folgte strengen Regeln. Die Geheimnisse und gepflegten Rituale drangen nicht nach außen. *Omertà:* Jeder Einzelne ist eine Wand. Zu Beginn der *aufklärerischen* Zeit verteidigten die Freimaurer oft Bürgerrechte gegen einen repressiven Staat. Sie verfolgten humanistische Ziele und arbeiteten an der eigenen Vervollkommnung (des Individuums) und für eine bessere Welt durch Kultur und Bildung. *Liberté, Égalité, Fraternité*: Deutsche Freimaurer-Verbände trugen wesentlichen Anteil an der Verbreitung der Ideale der Französischen Revolution. Berühmte waren den Logen (zumindest nominell) beigetreten: Klopstock, Lessing, Goethe, Heine, Leopold und Wolfgang Amadeus Mozart, aber dann auch Anton Philipp Reclam, Gustav Stresemann oder Carl von Ossietzky.

1736: Die erste Freimaurerloge in Leipzig, sie blieb namenlos. »Bis 1741 eine Gruppe junger Bürgerlicher und Adliger die nächste Loge gründete: *Aux trois compas – Zu den drei Zirkeln.* Sie machte Leipzig zur Kulturstadt. Von den Brüdern ging die Gründung des *Großen Concerts,* später des Nachfolgers des *Gewandhaussorchesters* aus, des ersten Theaters, der ersten bürgerlichen Schule für alle, also auch für Mädchen, was die Kirche gar nicht gern sah, usw. Aber

sie traten nicht als Freimaurer auf, sondern als Bürger.«
Aber alsbald begannen der ethische Anspruch und die demokratischen Strukturen in der Organisation zu zerfallen.
Mitglieder des hohen Adels besetzten freimaurerische Füh-
rungspositionen und führten Spiele um Einfluss und Macht.
Pöstchen um Posten schob man sich in der Hierarchie der
Hell- und Höchstleuchtenden nach oben. Man verlieh sich
gegenseitig phantastische Titel und behängte sich mit Or-
den, Ullern und Lametta. Jedes Mitglied war sich seiner ihm
gebührenden Ehren und seines hohen Standes und seiner
wichtigen Stellung bewusst. Und tatsächlich munkelte man
hinter vorgehaltener Hand, dass in Leipzigs Bürgermeisteramt und in den Behörden die Korruption alltäglich und
Freimaurer Chef- und andere Sessel besetzt hatten. Die
geheimen Logen hatten Macht. Wollte man also zum Es-
tablishment gehören, war es von großem Vorteil, Mitglied
in einer der angesagten Freimaurer-Bruderschaft zu sein.
Denn »hier versammelten sich Lenker und Amtsinhaber
der Stadt, der Universität, von Handel und Wirtschaft, einflussreiche Dresdner, ausländische Freimaurer. Das verhieß
wichtige Kontakte, Verbindungen, Empfehlungsschreiben.
Ein städtischer, und aufgrund der Ordensstruktur, ein Lan-
desfilz. Johann Georg Schrepfer hätte gern dazugehört.«

Jener Johann Georg Schrepfer hat seine Zeitgenossen fasziniert, und er fasziniert noch heute als Hochstapler, Produkt-
manager und Anlagebetrüger. Man erzählt Unglaubliches.
Mit den Seelen der Verstorbenen konnte Schrepfer reden.
Geld vermochte er auf wundersame Weise zu vermehren.
Die »Spitzen der Gesellschaft« zog er in seinen Bann. Dann
brach sein Lügenhaus zusammen. Schrepfer war am Ende
und zog die Konsequenz: Offenbar Selbstmord per *Pistol* im
Rosenthal. Schauerliche Berichte existieren. Unter Feuer-
werk und Teufelsspuk sei der Schuss gefallen. Zeugen haben
zugesehen, als Schrepfer sich entleibte, und beschwörten
Unglaubliches. Die Gerüchte blüh(t)en.

Die Avantgarde damaliger Literaten fühlte sich von Schrepfers sagenhafter Person nachhaltig inspiriert: Friedrich Schillers *Der Geisterseher* (1787) fußt auf der Geschichte J. G. Schrepfers. Ludwig Tieck nannte ihn *Sangerheim* und seine Jünger *Die Wundersüchtigen* (1831). Der Romantiker kam wohl damit der Wahrheit des tatsächlichen Geschehens erstaunlich nah: »Ein Taumel bemächtigte sich der ganzen Stadt. Jedermann wollte ihn kennenlernen, jede Gesellschaft wollte ihn in ihrer Mitte sehn. Er gewann in kurzer Zeit viele Anhänger und Freunde, und die angesehensten Männer, die höchsten vom Adel bewarben sich um seine Gunst. Die wichtigsten Männer versammelte er um sich in seiner Loge. Man sprach von den seltsamsten Wundern, die hier in geheimen Zusammenkünften vorgefallen waren. Jeder bestrebte sich, von allen diesen geheimen Künsten Zeuge zu seyn, oder durch Freunde wenigstens Etwas von ihnen zu vernehmen, und selbst die Frauen und Mädchen wünschten an diesen Wunderwerken Theil zu nehmen, oder auch in irgend eine mysteriöse Verbindung zu treten. Er stiftete auch bald darauf eine Loge für Damen, die nun auch mit mystischen Abzeichen prangten, sich gegenseitig an Gruß und Handdruck erkannten, und von Fortschritten in Weisheit und Wissenschaft träumten.«

Das ist Literatur, der wirkliche Johann Georg Schrepfer hat um seine Biografie stets ein großes Geheimnis gemacht: »Was ich von mir weiß, oder Ihnen sagen darf, will ich Ihnen, geliebter Bruder, gern mittheilen, denn wir verstehn den Freund um so besser, wenn wir seine äußere Geschichte, die Umrisse seines Lebens ebenfalls vor uns sehn. So wissen Sie also, daß ich im Jahr 1745 geboren bin, und zwar in Paris. Mein Vater war nichts Geringeres, als ein Prinz von königlichem Geblüt, aber meine Mutter war eine Bürgerliche, die sich durch schöne Worte, Versprechungen, vorzüglich aber durch die einnehmende Gestalt meines Vaters hatte täuschen lassen. Ich wurde gut erzogen, und der theuerste Lehrmeister für jede Kunst und Wissenschaft mir gehalten. Mein Vater hatte große Freude an mir, und verzog und verzärtelte mich. Das ist das größte Unglück, das einem Kinde meiner Art widerfahren kann, denn in spätern Jahren wird es doch wieder in die Bahn zurückgewiesen, in die es nach den Einrichtungen der Welt gehört. An einem sittenlosen Hofe war meine Abstammung eines jener öffentlichen Geheimnisse, das alle Welt kennt und belacht, und eben so Jeder, wenn es ein ernstes Wort gilt, verleugnet. Ich hatte oft das Glück, den König zu sehn, der zuweilen so mit mir spielte, als wenn er selbst ein Kind gewesen wäre. So lange man als Kind hübsch und artig ist, wird man über die Gebühr von Weibern und Mädchen bewundert; treten die Jahre ein, in denen sich der Knabe streckt und auswächst, so wird er von verwöhnten Menschen um so mehr übersehn, wohl gar verfolgt, und das Beste im Kinde wird verhöhnt, wie früherhin das Gleichgültigste vergöttert ward. Auch diese Erfahrung mußte ich machen, so wie späterhin die noch schlimmere, daß mein Vater, der sich mit einer jungen tugendhaften Dame vermählte, nachdem er einige Jahre als Wittwer gelebt hatte, mich aus Engherzigkeit und mißverstandener Moral verleugnete. Damals bemächtigte sich eine tödtende Bitterkeit meines jungen Herzens. Nachher ging mein Haß in Verachtung über, und ich vermied, wie ich nur irgend konnte, den Anblick des Prinzen. Ich erhielt eine Stelle beim Regiment, ward Lieutenant, Hauptmann, Obrist, und man ersparte mir sogar den Dank für diese Wohlthaten und Auszeichnungen.« So seine Abstammungsgeschichte literarisch nach Ludwig Tieck, doch wird Schrepfer auf solche Art geredet und beeindruckt haben. Er gab sich als Husaren-Rittmeister, untergetauchter Duellant und verwundeter Offizier in Kaisers Diensten. Der französische Gesandte in Dresden erhob gegen diese Amtsanmaßung Einspruch.

Die Jahresangaben schwanken: 1730, 1739, 1745. Das tatsächliche Geburtsdatum des sagenhaften Johann Georg

Schrepfer bleibt ungewiss, doch wurde der Neugeborene am 26. März 1738 in der Nürnberger Stadtkirche St. Sebald als achtes Kind eines Johann Schrepfer getauft. Der Vater war Betreiber des *Rothen Rosses* und *Goldenen Lamms, Genannter des Größeren Rats*, Hausmeister und *Wirt auf dem Rathaus*. Vielleicht aufgrund des finanziellen Abstiegs hat sich die Familie in deutsche Lande zerstreut. Drei der Schrepferschen Brüder kamen nach Leipzig. 1760, im Chaos nach der preußischen Besatzung, erscheint auch Johann Georg in der Messestadt: »Ein großer untersetzter, gutgewachsener, kurz ein schöner und ansehnlicher Mann.« Alsbald verzeichnet ihn das Leipziger Adressbuch als *Weinschenk,* als einen im Wirtshaus angestellten Kellner. Doch gelingt dem Servierburschen alsbald der gesellschaftliche Aufstieg.

Aschenputtel, Gänsemagd und Goldmarie gelangen zu sagenhaftem Reichtum und gesellschaftlicher Ehre, indem sie sich treu bleiben und für Charakterstärke und Ehrlichkeit belohnt werden. Gradlinig wie im Märchen gestaltet sich Karriere selten, doch Parallelen zum wirklichen Leben sind den Märchen der Großmütter stets eigen. Der Aufschneider nennt sich das tapfere Schneiderlein, behauptet, es sei Held – *Sieben auf einen Streich!* –, und wird darob gefeiert. Vielleicht hat Johann Georg Schrepfer seinen »Weg nach oben« durch Schwängerung bewusst beschleunigt. Er ehelichte Johanna Catharina Herr, die Tochter eines Meisters der Schneiderinnung war von ihm guter Hoffnung. Mit ihrem Geld und ihrem Namen beantragte er und erhielt »am 20. März 1769 eine städtische Konzession für ›Billard-Spiel und auch den Thee- und Coffee-Schank‹, denn er habe ›das Weislederische Coffeé-Hauß im Barfüßer-Gäßgen an der Ecke der Closter-Gasse gekaufft und wollte dem von Weisledern bis dero darinne getriebenen Coffeé-Schanck continui tun.‹« Schrepfers Haus steht nimmer, an seiner statt der Leipzig heut bekannte Name *Zills Tunnel* auf der städtischen Kneipenmeile: Barfußgäßchen 9.

Schrepfer ward also Schankwirt, und Wirte müssen ihre Stuben füllen, brauchen Gäste. Name und Service müssen nach der Neueröffnung bekannt und zur beliebten Adresse werden: Werbung, Freunde, Gleichgesinnte bringen Umsatz und guten Ruf. Von Vorteil, wenn der Betreiber bestimmten gesellschaftlichen Kreisen in der Messestadt bekannt ist, von ihnen geachtet und umworben wird. Johann Georg Schrepfer versuchte, Einfluss zu gewinnen und Mitglied einer jener geheimen Freimaurerlogen zu werden, die die Geschicke der Stadt mitbestimmten. Im Gespräch in Leipzig war vor allem die Loge der *Minerva zu den drey Palmen*, in der sich die angesehensten Männer trafen. Die Brüder jedoch verweigerten Schrepfer den Zutritt. Zu durchtrieben schienen ihnen dessen Machenschaften, zu übel sein Ruf. Der Gastwirt war verärgert, fühlte sich diskriminiert und vermochte auf anderen Wegen seiner Person vielfältig Aufmerksamkeit zu geben. Er gründete seine eigene *Loge der ächten Freymaurerey*, und sein Etablissement war schnell gut besucht und im Gespräch. Denn Schrepfer »kannte die Menschen und ihre Schwächen, die Szene der Logen und der Geheimbünde, die verbreitete Neigung zu Gerüchten und Mystischem. Er nutzte das, ein Maß kannte er nicht. Er surfte sozusagen auf den Kronen des Zeitgeistes, jonglierte dabei mit Begriffen und Botschaften, das mit dem bestimmten Auftreten eines scheinbar Wissenden, und fand schnell Bewunderer und Anhänger. Ein früher Glaube an selbsternannte *Experten*. So trug man seine dunklen Andeutungen weiter, interpretierte sie und gab ihnen den Anschein von Fakten.« Eingeweihte diskutierten. Man reichte Abschriften geheimer Bücher weiter. Seine Bibliothek stellte er Gesinnungsgenossen zur Verfügung. Alsbald verbreitete sich der Glaube, dass Schrepfer als *ächter Freymaurer* im Geiste höherer und höchster Befehle handelte. Vielleicht der Gold- und Rosenkreuzer. Vielleicht andrer Brüder. Ein Schriftstück attestierte Schrepfer, »wes gestalt derselbe die 3 ersten Grade du Maçonnerie erhalten habe«. Datiert am 4ten Septbr. 1766 von der *Loge du Perfait Silence de St. Magdalena*. Die Urkunde, sie war gestohlen. Aber allein das Geheimnis um seine Person beeindruckte, und Schrepfers Geschäft florierte.

Der Ruf der *ächten Freymaurerey* sprach sich alsbald auch überregional herum, und man munkelte, dass Schrepfer im Auftrag *von ganz oben* handeln würde. Allein mit rationalen Mitteln sei seine Wirkung nicht zu messen. Der Schankwirt verteilte Arzneien, die Kranke heilten. Zwar nicht immer, doch verbreiteten sich von Mund zu Mund und auf allen medialen Wegen Schrepfers Erfolge. Bis hin ins Dresdner Regierungskabinett war man fasziniert und verlangte Auskunft: »Auf Befragen, wer denn seine Obern sein? that er vor einer Gesellschaft Meldung, ohne jedoch deren Namen und Aufenthaltsort nennen zu wollen.« Auf alle »weitern Nachforschungen waren seine Antworten dunkel, weitschweifig, auch öfters widersprechend«. Man konnte nur mutmaßen, warum und in wessen Auftrag er handelte. Sicher schien allen: Es müssen einflussreiche Instanzen sein. Und Schrepfer erweiterte kontinuierlich seine Aktivitäten.

Die *Loge der ächten Maurerey* war quasi als Konkurrenz zu all jenen gegründet worden, die ihn verschmäht hatten. Meister Johann Georg Schrepfer war nunmehr Anlaufpunkt für die interessierten Kreise. Andere wurden ihm ob seiner wachsenden Reputation und Einflussnahme zum erbitterten Feind. Aufgeklärte Zeitgenossen berichten skeptisch über Johann Georg Schrepfers Weisheiten: »Ich ging einigemal des Abends auf Schrepfers Caffeehaus, um diejenigen Personen kennen zu lernen, die nach Schrepfers Ausdruck *ächte Freimaurer* wären. Da es ein öffentliches Caffeehaus war, so fielen oft Discurse von der Maurerey vor, weil alle diejenigen, die ich daselbst fand, Maurer waren. Es wurde von sehr wichtigen Geheimnissen gesprochen, auch von Plänen, die ausgearbeitet werden würden, geredet; ich hörte alles dieses als Prahlereyen an, für bloße Windbeuteley und Prahlerey.«

Als theatraler Firlefanz mag Schrepfers Schaubude aufgeklärten und vernünftig denkenden Menschen auch erschienen sein. Doch »was für unsere begrenzte Vernunft Magie
ist, ist die Logik des Unendlichen«. Geheimnis, Geheim-
bund und geschlossene Veranstaltungen zeitigen bis hin
in die Gegenwart enorme Wirkung. Schrepfer setzte alle
möglichen Mittel ein und konnte auch Unwillige von seiner Macht überzeugen. Er zitierte Geister und die Geister
von Verstorbenen und ließ so die Zukunft wissen. Friedrich Schiller beschreibt solche Séancen als spektakuläre Mi-
schung von Kirche, Voodoo, Drogenrausch: »Wir fanden, als
wir in den Saale zurückkamen, mit einer Kohle einen weiten
Kreis beschrieben, der uns alle zehn bequem fassen konnte.
Ringsherum an allen vier Wänden des Zimmers waren die
Dielen weggehoben, daß wir gleichsam auf einer Insel standen. Ein Altar, mit schwarzem Tuch behangen, stand mitten
im Kreis errichtet, unter welchem ein Teppich von rotem
Atlas gebreitet war. Eine chaldäische Bibel lag bei einem
Totenkopf aufgeschlagen auf dem Altar, und ein silbernes
Kruzifix war darauf festgemacht. Statt der Kerzen brannte
Spiritus in einer silbernen Kapsel. Ein dicker Rauch von Oli-
banum verfinsterte den Saal, wovon das Licht beinahe er-
stickte. Der Beschwörer war entkleidet wie wir, aber barfuß;
um den bloßen Hals trug er ein Amulett an einer Kette von
Menschenhaaren, um die Lenden hatte er eine weiße Schür-
ze geschlagen, die mit geheimen Chiffren und symbolischen
Figuren bezeichnet war. Er hieß uns einander die Hände
reichen und eine tiefe Stille beobachten; vorzüglich empfahl
er uns, ja keine Frage an die Erscheinung zu tun. Den Engländer und mich (gegen uns schien er das meiste Mißtrau-
en zu hegen) ersuchte er, zwei bloße Degen unverrückt und
kreuzweise einen Zoll hoch über seinen Scheitel zu halten,
solange die Handlung dauern würde. Wir standen in einem
halben Mond um ihn herum; der russische Offizier drängte
sich dicht an den Engländer und stand zunächst an dem Al-

tar. Das Gesicht gegen Morgen gerichtet, stellte sich der Magier jetzt auf den Teppich, sprengte Weihwasser nach allen vier Weltgegenden und neigte sich dreimal gegen die Bibel. Eine halbe Viertelstunde dauerte die Beschwörung, von welcher wir nichts verstanden; nach Endigung derselben gab er denen, die zunächst hinter ihm standen, ein Zeichen, daß sie ihn jetzt fest bei den Haaren fassen sollten. Unter den heftigsten Zuckungen rief er den Verstorbenen dreimal mit Namen, und das dritte Mal streckte er nach dem Kruzifixe die Hand aus --- Auf einmal empfanden wir alle zugleich einen Streich wie vom Blitze, daß unsere Hände auseinander flogen; ein plötzlicher Donnerschlag erschütterte das Haus, alle Schlösser klangen, alle Türen schlugen zusammen, der Deckel an der Kapsel fiel zu, das Licht löschte aus, und an der entgegenstehenden Wand über dem Kamine, zeigte sich eine menschliche Figur, in blutigem Hemde, bleich, und mit dem Gesicht eines Sterbenden. *Wer ruft mich?* sagte eine hohle, kaum hörbare Stimme.«

Auch Schrepfer setzte ganz auf seine Inszenierung, beeindruckte Persönlichkeiten wie u.a. *Ihro königliche Hoheit* den Herzog von Kurland, Kabinettsminister Friedrich Ludwig von Wurmb, Kammerherr Johann Rudolph von Bischoffswerder und Großkaufmann François DuBosc. Genau die Kreise, in die zu kommen sich Johann Georg Schrepfer immer gewünscht hatte. Und der *Geisterseher* erfüllte getreulich die an ihn gestellten Erwartungen. Besucher mussten nur daran glauben, was sie unerklärlicher Weise zu sehen bekamen. Von Schrepfers Feinden sprachen seine Geister schlecht. »In seiner neu errichteten Loge suchte er die Geheimnisse des Ordens herabzusetzen und lehrte, daß seine magischen Arbeiten eigentlich der Hauptzweck des Ordens wären. Die Loge wurde hierauf in ein Beschwörungszimmer verwandelt, und der neue Meister citirte seinen lehrbegierigen Schülern eine Menge Personen aus den alten und neuern Zeiten. Bey diesen Erscheinungen wurde als ein Beweis der Wirklichkeit derselben bemerkt, daß die erschienenen Gestalten geredet und sich bewegt hätten, aber nicht stille stünden, sondern nur schwebten, zuweilen ließen sie sogar ein gräsliches Geschrey und Brüllen von sich hören. Dies alles bewerkstelligte Schrepfer durch seinen mit ihm einverstandnen Marqueur (Gehilfen). Dieser allein konnte nicht alle Rollen spielen, er hatte noch einige andere Subjekte dazu, wo der eine ein sehr guter Bauchredner war. Er wußte überdies Zeit, Umstände und Gelegenheit so gut zu benutzen, und seine Zuschauer so gut auszusuchen, daß anfänglich niemand leicht auf seine Schliche kommen konnte, und er von seinen vertrauten Jüngern als ein neuer Prophet betrachtet wurde. Bey der Citation selbst, welche niemals vor Mitternacht vorgenommen wurde, durfte keiner aufstehen, damit sie nicht gewahr würden, was in dem von Rauch angefüllten Zimmer vorging. Außerdem bediente er sich noch des Segensprechens, Weihwassers, einiger Krucifixe und anderer Ceremonien der katholischen Kirche. So citierte er z. B. die beyden enthaupteten Grafen Struensee und Barnd (hingerichtete Aufklärer in Dänemark), und sie erschienen mit dem Kopfe unterm Arme, und in der Kleidung, die sie an dem Tage ihrer Hinrichtung angehabt hatten. Schrepfer ging bey der Citation nicht von der Stelle, seine Zuschauer saßen fest und unbeweglich am Tisch, und dennoch ließ sich bey der Ankunft der Geister ein Geräusch, zuweilen ein großer Lärm und wiederholtes Pochen an der Thüre des Zimmers hören, dies erklärt sich aber leicht durch dasjenige, was schon oben gesagt worden ist, daß nämlich sein ältester Marqueur mit ihm unter eine Decke steckte und die Rolle des Geists spielte. Schrepfer theilte seine magischen Arbeiten in 2 Klassen, in die pneumatische, wo Geister erschienen, und in die elementarische, wo in finstern Zimmern auf seine Beschwörung jede verlangte Person in einem andern Lichte erschien, ferner warf ein von ihm beschworener Stern sogleich ungewöhnliche und dicke Strahlen, und in einem Wald ließ er Sturmwetter entstehen, große Knalle und andre Dinge hören. Dies erklärt sich alles durch die Camera obscura, oder auch durch die Einbildungskraft der durch Punsch erhitzten Zuschauer.« Grandioses Theater!

Zweifellos ließ man sich beeindrucken, ohne die Machenschaften Schrepfers durchschauen zu wollen. Seine Show beruhte nämlich erkennbar nur auf Illusion und Tricks mit einfachen Mitteln. Die Inszenierung allerdings war perfekt, Schrepfer in Handhabung der Mittel äußerst fingerfertig. Familie und Hausangestellte taten bei der Inszenierung mit. Aufgeklärten Zeitgenossen wie Moses Mendelssohn war der Schwindel durch den Einsatz eines Diaprojektors, ehedem Zauberlaterne genannt, erklärlich: »Wer leicht hoffet, ist leicht betrogen. Die Furcht macht die Täuschung noch leichter. Das Fürchterliche hat, wegen der Idee des Erhabenen, mit welchem es in Verbindung gehet, einen starcken Reiz für die Menschen. Wir sehen nicht, was da stehet, sondern was wir fürchten. Was mich betrifft, so halte ich die ganze Sache für einen künstlichen Betrug. Wenn die übrigen Umstände damit übereinstimmen, so habe ich den Verdacht, daß eine Zauberlaterne dabey gebraucht wurde. In der Vermuthung einer Zauberlaterne bestärcken mich vornehmlich auch folgende Umstände. Die Geister schienen sich zu bewegen, ohne einen Fuß zu heben, nur als schwebend. Durch die Fortrückung des Bildes in der Zauberlaterne kann man die Erscheinung fortschweben lassen, aber den Füßen keine besondere Bewegung mitteilen. Aus eben der Ursache werden wohl auch die Geister die Arme und Hände auf die Brust geschlagen getragen haben. Sie erscheinen ferner in verschiedenem Lichte. Die Gesichter der Geister sahen wie geformter Dunst aus, welches vermittelst Rauchs gar zu bewerkstelligen ist. Die beiden Spiegel in die er öfters hinzusehen pflegte, geben zu dieser Vermuthung fernern Anlaß. Der beschworne Stern am Himmel scheint auch bloß durch gut angebrachte Gläser und Hohlspiegel so große dicke Strahlen geworfen zu haben. Durch eben den gleichen Hohlspiegel kann man einen Schall, wohin man will, reflektieren lassen, und den Schein hervorbringen, als wenn eine Antwort, die eine verborgene Person giebt, von einem Bilde gegeben würde. Durch die Reflexion wird der Schall dumpfig und hohl, so wie er von Schrepfern die Sprache der Geister genennet worden.« Zweifellos muss Johann Georg Schrepfer so grandios gehandelt haben, dass leichtgläubige Gäste fasziniert waren und in ihm einen Meister über Dies- und Jenseits sahen.

Angelegentlich pfefferte Schrepfer böse Worte gegen all die Logenbrüder Leipzigs, die ihn einst missachtet haben, und behauptete, er alleinig sei der wahre Künder. Er legte es an auf den Streit und provozierte. Folgerichtig fühlten sich die echten Freimaurer mit ihren Erleuchteten und achtbaren Würdenträgern vom Schankwirt Schrepfer verleumdet und brüskiert. Vor allem die *Minerva zu den drey Palmen* mit *Meister vom Stuhl* Johann Georg Eck intervenierte und zitierte den *Geisterseher* vor ihr Tribunal: »Sobald Schrepfer ins Zimmer trat, schlug er mit den Armen und geballten Fäusten sich X weiß auf die Brust, und sagte: Meine Herrn, sie haben mich herberufen, bei Gott dem Dreyeinigen, ich bin wahrer Schott der Erkenntniß und Gewalt. Ich kenne die Cassia, und hiermit riß er sich die Brust auf, wo er ein länglich golden † hängen hatte. Der Präfect nahm hierauf mit dem Canzler das Wort, und sagte ihm: Man habe mit Erstaunen vernommen, daß er uns für Betrüger halte, welche für Kindereyen Geld nähmen, man wolle ihm wohlmeynend rathen, von einer so respectablen Gesellschaft als die Freymaurerey in Sachsen, mit welcher sogar die Prinzen vom Hause abgäben, gar nicht, oder mit geziemenden Respect zu reden. Vor der Hand wolle man seine Uebereilungen weder untersuchen noch bestrafen, wenn man aber etwas weiter erführe, würde man eine Affäre für die Bedienten daraus machen.« Bis hin zu den gleichgesinnten und verbündeten Landesbeamten in der Residenzstadt Dresden führte man Beschwerde. Allein, sie war vergeblich, denn wer konnte wissen, ob nicht Schrepfer wirklich mit ganz oben in Beziehung stand.

Es kam zu keiner Einigung. Johann Georg Schrepfer ließ seinen Drohungen nun Taten folgen. Er verteilte Zettel in der Stadt, die das unredliche Finanzgebaren der Logenbrüder offenlegten: »Die Minerva zum drey Palmen in Homans Hauß [heute Messehofpassage] vier Treppen hoch, nimt aber mahls zwey jungen Leuten, einen jeden sieben Louisd'or ab, wenn sie zuvor bey dem Allmächtigen Gott geschworen, so sehen sie ein Kinderspiel, erhalten das Wort *Boas* aus dem Tempel Salomonis, sind aber dabey so unwißend, als bey dem ersten Wort *Jackin,* binnen Acht Tagen soll noch mehr entdeckt werden, ein jeder vernünftige Mann behalte seyn Geld, denn er erfährt nichts, so wie man auch im Sechsten Grad nichts weis. J. G. S. Sic transit gloria mundi.« *So vergeht der Ruhm der Welt.* Ein Louisd'or entspricht heutiger Rechnung etwa 600 Euro. Man ließ sich also die Minerva-Mitgliedschaft und in ihr die Aufstiegschancen teuer bezahlen. Das Geld steckten die Erleuchteten man in die eigne Tasche. Mehr noch verriet Schrepfer Losungsworte und geheime Riten. Wobei *Boas* und *Jackin* die Namen der Säulen vorm Tempel von Jerusalem bezeichnen. Denn die Symbolik der Freimaurerei gründet sich u. a. auf Bibel, auf Adam, den ersten Menschen, und sie deutet den Salomonischen Tempel samt Weltgeschichte in ihrem Sinne um.

Zwar war *Minervas* Meister vom Stuhl, Herr Dr. Eck, zurückgetreten, doch zeigte die Loge keine Reaktion auf Schrepfers böswillige Kritik. Deshalb erstattete Schrepfer selbst ob der betrügerischen Geldeinnahmen der Loge Anzeige beim Stadtgericht:

»Ein jeder ehrliche Mann wird nie eine Gesellschaft stören, wann ihm nicht die erheblichsten Ursachen dazu verleiten. Vor einigen Wochen erschienen unter der nemlichen Handschrift ausgestreuete Zettel, man warnte die Minerva zum 3 Palmen, in Hohmanns Hause sich nicht eher wieder zu versammeln, bis der Streit beygelegt wäre. Sie haben es aber doch gewagt, und nun ist es meine Pflicht, dem Publico folgendes mitzuteilen.

Die ersten ausgeworfenen Zettel enthalten in sich *Jackin* als Lehrling kost 6 Louisd'or, *Boas* als Gesellen kost 5 Louisd'or, man siehet ein gemahltes Tapis mit Sonne, Mond und Sterne und dem Buchstaben G., es sind lauter Hieroglyphen, die die *Minerva zum 3 Palmen* nicht erklärt, weil sie es selbsten nicht verstehen, ob aber die Sonne den Meister hat erleuchtet, wird wohl ein jeder vernünftiger Mann bey dem abgesetzten Meister zur Genüge ersehn haben. Der *Jackin* und der *Boas* als Lehrlinge und Geselle wird genommen aus dem 1sten Buch der Könige aus dem 7ten Capitel der 2te Vers. Nun aber gehet es zu ihrem Meister, das Zimmer ist schwarz ausgeschlagen, nachdem man mit dem Aufzunehmenden viel Kinderey vorgenommen, und er auf seiner Reise den Zweig Accacia gesehen, man ihm unter einer schwarzen Decke geworfen, wenn man zuvor 3 Schläge vor seinen Kopf erhalten, man ihn auch mit allen Ehrenbezeugungen wieder aufgehoben, er das Meister-Wort M--a- gehört, welches nur in der Loge gesprochen werden darf, von Morgen gegen Abend, und von Abend gegen Morgen, so erzählt man ihm die Historie Hirams, er zahlt dafür 5 Louisd'or, und weiß soviel als zuvor, man verspricht ihm, durch Fleiß und Mühe, und wenn er seinen Beutel nicht schonen will, noch größere Erkenntniß erfahren zu lassen, was es aber für große Erkenntnisse sind, wird das Publicum heute über 8 Tage, im 4ten Grade, den sie Schotten nennen, und in 14 Tagen darauf den 5ten Grad, als den Ritter mit Stiefeln und Sporn in dem Federhut und traurigen Gestalt, und in 3 Wochen den Tempel-Herrn im weißen Mantel mit dem Kreuze, rothen Schnure mit Knoten und Ring nebst das Räuchern des

Nachts um 12 Uhr und den Lateinischen Eid von mir erhalten. Ein jeder ehrliche Mann glaubt, wenn er sich unter einer Gesellschaft begiebt, wahre Wissenschaften zu erlangen, er schont kein Geld, er glaubt sein Glück oder etwas erhabenes zu finden, wie sehr muß er sich beklagen, wenn er bey dem Ende nichts als eine Historie weiß, wo er doch bey jedem Schritte den erstaunlichsten Eid hat schwören müssen und da doch nichts wahres dahinter verborgen ist. Ich überlasse es jedem vernünftigen Mann, ob der Nahme der Gottheit nicht mißbraucht wird, kann man denn mit Gold Tugend und Wissenschaften erlangen? Wenn sie würcklich glücklich sind, warum lassen sie sich denn alle Grade bezahlen? Heute über 8 Tage soll noch mehr erfolgen, so wohl Passier Worte, als Griffe und Zeichen. Man versichert bey dem was heilig ist, daß die Minerva selbst nicht weiß woraus die Maurerey entstanden.«

Schrepfers Vorwürfe gingen an die Substanz der Brüder, und sie sind auch der Gegenwart nicht fremd. Stets wieder berichten Insider von horrenden Preisen, wenn man in Sekten und sektenähnlichen Organisationen zu höheren Erleuchtungsstufen gelangen will. »Das Honorar für die Stunde Psychotherapie dürfte bei 75 € liegen. Bei 150 € wäre die Wuchergrenze überschritten. 2003 verlangte man nach den Preislisten für den *Gewissheitskurs* 2.234 €, für den *Grundkurs* mit 12,5 h 4.409,89 € (352,79 € pro Stunde) und für 12,5 h *Aufbaukurs* 8.485 € (678,– € pro Stunde).« Notwendige Hilfsmittel und Accessoires zur Unterstützung kosten dazu noch märchenhafte Preise. Für die Hoffnung auf Anerkennung und Seligkeit ist man auch heute bereit, (fast) jeden Preis zu zahlen.

Johann Georg Schrepfers Attacken gegen die etablierten Freimaurerlogen zeitigten alsbald Erfolge. Der Schankwirt sonnte sich in ihrem Glanz, war stolz. Der Name Schrepfer wurde Attraktion. Noble Gäste beehrten ihn in seinem Hause und wohnten seinen Séancen bei. Und der Wirt und

Logenmeister zeigte sich freigiebig, hielt anlässlich der Taufe seines zweiten Kindes alle Gäste frei, sie wurden »bis früh um 3 Uhr tractirt und sogar Musik dabey gehalten«. Die Geschäfte liefen. Doch verstummten seine Gegner nicht und setzten sich beleidigt weiterhin zur Wehr.

Schrepfers Gebaren und sein Ruf waren längst hin bis in die Residenz gedrungen. Auch in Dresden wollten sich echte Freimaurer das nicht bieten lassen. Schrepfer untergrub mit seinem Gerede und mit seiner Quacksalberei die Stellung der Logen und ihrer Mitglieder. So verfasste der Herzog von Kurland, der sich nun gegen Schrepfer stellte, einen Brief an den Kommandanten der Leipziger Pleißenburg, des Gefängnisses der Messestadt. »Der Caffetier Johann Schrepfer hat über eine Gesellschaft, zu der ich mich, wie ihm bewust ist, bekenne, auf eine höchst verläumderische Art, die mich persönlich beleidigt, gesprochen, und sich so gar einer Correspondenz mit mir gerühmt. Es ist billig, daß er für seine Kühnheit gegen einen Fürsten aus dem Landesherrl. Hause angesehen werde, und ich ersuche Sie, mein lieber Herr Obrister, daß Sie benanten Schrepfer rufen laßen, damit der Überbringer dieses denselben zur Bestrafung seiner Verwegenheit 100 Prügel durch Leute, die ich ihm dazu zu geben bitte, zutheilen laße. Sie werden mich dadurch persönlich verbinden, da ich von einem Menschen dieser Art keine andere Genugthuung nehmen kann. Ich verspreche Sie nicht zu nennen auch allenfalls zu vertreten. Überbringer welchem ich allen Glauben beyzumeßen bitte, wird Ihnen meine Absicht noch weiter eröffnen. Ich bin mit aller Achtung, mein Lieber Obrister, ihr wohl affectionirter Carl Hz. Curland, Dresden, d. 10ten September 1773.«

Jener *wohl affectionirte Carl Hz. Curland* war kein Geringerer als Karl Christian Joseph Ignaz Eugen Franz Xaver von Polen und Sachsen, Herzog von Kurland und Semgallen und ein gebürtiger Prinz aus dem Haus der Wettiner. Der Fall Schrepfer wuchs sich zur Staatsaffäre aus.

Der getreue Obrist der Pleißenburg ließ alsbald auf diesen unrechtmäßigen, aber königlichen Befehl den Verräter verhaften. Am Freitag, den 17. September, wurde Johann Georg Schrepfer »aus Linckes Garten durch 4 Unteroffiziere abgeholet und als Arrestant auf die Hauptwache gebracht«. Verfehlungen konnten ihm nicht nachgewiesen werden, und doch soll der Verhaftete eigenhändig ein Billet unterschrieben haben, das anschließend für erregte Diskussionen sorgte: »Ich Endesunterschriebener bekenne hierdurch und Kraft dieses, daß ich die von Ihro Königl. Hoheit den Hwg. Herzog Carl von Curland mir decretirten Ein Hundert Prügel dato richtig erhalten habe.« Diese Schmach der Bestrafung des bekannten *Caffetiers* J. G. Schrepfer war in Leipzig schnell Stadtgespräch, vor allem in Freimaurerkreisen stritt man auf das Heftigste. Bei vollzogenen hundert Prügelschlägen (die er aber nie erhalten hat) muss das Vergehen des Delinquenten Schrepfer ja tatsächlich und unerhört gewesen sein. Begründungen dafür fanden sich zuhauf in seinen Reden und seinen Schriften, vor allem die in der Stadt verteilten Zettel seien ehrverletzend und diskriminierend gewesen. Kommentare zum Fall veröffentlichte man sogar im bekannten Blatt *Wandsbecker Bote*.

Schrepfer fühlte sich unverstanden und verleumdet und kämpfte vehement um seinen guten Ruf. »Nachdem ich unterm 26. Octbr. 1773 in drey hiesigen Zeitungen einen Artikel von Leipzig datiret, und welcher aus dem 167. Stück des *Wandsbecker Boten* genommen worden, mit vieler Befremdung wahrnehmen müssen, worinnen meine Ehre und mein Name auf das empfindlichste angegriffen worden, als finde ich mich nothgedrungen, folgende Erklärung zu thun: Ich erkläre nämlich, daß das unter meinem Namen darin angeführte Billet eine aus Gift und Bosheit erdichtete Verleumdung sey, und gar nicht existire, wie ich denn die darinnen enthaltene Strafe weder jemals empfangen, noch solche verdienet habe; ich erkläre auch denjenigen für einen

Lügner und Erzcaluminanten [Verleumder], welcher sich unterfängt zu sagen, daß ich von dem Herrn H. C. von C. unanständig gesprochen oder mich unehrerbietiger Ausdrücke gegen Hochdieselben bedienet habe.«

Auf das nachfolgende Schweigen reichte Johann Georg Schrepfer ob der kursierenden Gerüchte Klage beim Bürgermeister der Stadt Leipzig ein. »Ew. Magnifizenz Hoch Edelgeb. Hoch Edle auch Hochw. Herren muß ich von Wehmuth und Bekümmerniß gantz darnieder geschlagen, leyder! Gott erbarm es! anzeigen, daß ich ohne mein Verschulden am 17ten Sept. des jetzt laufenden Jahres ½ 7 Uhr des Abends von dem Adjudanten allhier in Garnison stehenden regiments Auditeur, nebst 8 Mann Unter-Offizier aus Herrn Commercien-Rath Linckens so genannten Windmühlen-Gaße vor dem Peters-Thore allhier liegenden Garten gewaltsamer Weise weggenommen, und auf die hiesige Haupt-Wache gebracht worden bin, auch dergestalt gemißhandelt worden, als es niemals den größten Missethäter zu geschehen pfleget, daß ich dadurch in den schimpflichsten Zustand sowohl meiner Nahrung als meiner Ehre versetzet worden. Mein Gewissen überzeuget mich und bin erbötig jedes mahl auf den erfordern es eydlich zu bestärken, daß ich weder durch Boßheit noch übler Wirthschaft noch durch ungebührliche Handlungen diesen unglücklichen Zufall veranlaßet habe.«

Und weiter: »Da ich aber des angeschuldigten Verbrechens halber im Geringsten nicht überführet werden können, so bin ich des Arrestes erlaßen worden. Weil ich nun nicht einsehen kann, daß es möglich, daß man einen hiesigen Bürger, der sich seit 12 Jahren als ein getreuer und rechtschaffener eines E. E. und Hochweisen Rathes allhier Unterthan aufgeführet hat, mit den Soldaten arretiren kann. Auch fast nicht glauben kann, daß diese meine gewaltsame Arretirung mit Ausdrücklichen Befehl meines gnädigsten Landes Herren, weder Ordre des Herrn Feld-Marschalls, viel weniger mit Genehmhaltung und Vorbewust meiner unmittelbaren Obrigkeit, eines E. E. und Hochweisen Raths allhier geschehen sey. Zumahl mir dieser unglückliche Vorfall sowohl in Ansehung meiner zeitlichen Umstände als auch meines Ehrlichen Nahmens höchstnachtheilig ist. Und dieses thumultuarische Verfahren wieder Ihro Chur-Fürstl. Durchl. Höchster Autorität laufet. Auch hierinnen alle Privilegia und Rechte eines E. E. und Hochweisen Rathes allhier geschmälert worden. Als nehme ich zu Ew. Magnificenz Hoch-Edelgeb. Hoch-Edl. auch Hochw. Herrn meine Zuflucht mit gehorsamster, demüthigster Bitte: Dieselben wollen mich in dero hohen Schutz nehmen und dieses tumultuarische Verfahren in hohe Erwägung zu ziehen, so dann aber diese Sachse an Ihro Churfürstl. Duchl. zu Sachßen zu berichten, damit mir allerhöchsten Orts Gerechtigkeit und Satisfaction in höchsten Gnaden angediehen werde; hochgeneigt geruhen. Ich getröste mich hochgeneigter Willfahrung und verharre mit geziehmenden Respect und größter Hochachtung Ew. Magnificenz Hoch Edelgebl. Hoch Edl. auch Hochw. Herrn. Unterthänigst gehorsamster Joh. George Schrepfer.«

Die *Hoch Edl. und Hochw.* des Leipziger Rats beschlossen, die Sache auf sich beruhen zu lassen. Der entstandene Lärm war verstummt. Zu einer Verhandlung wegen der Anschuldigungen gegen Schrepfer kam es nicht. Ihro Königl. Durchlaucht entsandte ihren Kammerherrn Johannes Rudolph von Bischoffswerder nach der Stadt, einen Mann »von auffallender Körpergröße, in allen Künsten des Cavaliers jener Zeit erfahren. Eine unergründliche Zurückhaltung machte ihn hier unbedeutend erscheinen, dort durch geheimnißvolle mystisch-feierliche Außenseite imponiren; voll Herrschsucht ließ er den, welchen er beherrschte, niemals ahnen, wie sicher er ihn leitete. Bischoffswerder war von einer seltenen Körpergewandtheit; der beste Reiter, Jäger, Fechter auf Hieb und Stoß und ein nicht zu überwindender Zecher. Aber der dumpfe Ton seiner Stimme erregt ein unheimliches Gefühl. Dieser Ton ist nicht der reine Metallklang, der aus dem Munde eines hochherzigen Menschen ertönt. Er ist der Ton der Gräber oder der Garderobe. Ehe Bischoffswerder spricht durchlaufen seine Augen alle Wände des Zimmers und forschen mit Aengstlichkeit, ob hinter den Wänden ein Lauscher verborgen sein möchte.«

Jener Kammerherr von Bischoffswerder ist von Schrepfer wohl begeistert gewesen und berichtete Ihro Königl. Durchlaucht mit Emphase. Schrepfer war nun gesellschaftlich ganz oben und entfaltete eine ausgedehnte Reisetätigkeit, die seinen Ruf und seine Stellung förderte. Der Schankwirt gab sich nun aus als Oberst Stein von Steinbach, französischer Obrist, und prominierte mit Uniform und Degen. Er eroberte Dresden, trotz Munkeleien und Widerspruch des französischen Gesandten, »so muß ich Ihnen hier nochmals wiederholen, daß ich Sie nicht für einen solchen erkenne, und daß, wenn ich erfahre, daß Sie fortfahren, diesen Charakter fernerhin anzunehmen, ohne sich darüber bey mir zu legitimiren, so werden Sie mich zwingen, Maßregeln zu ergreifen, die Ihnen äußerst unangenehm seyn werden«. Man übersah geflissentlich die Zweifel, redete sie dem französischen Diplomaten aus. Die böswillige Kritik war längst verstummt.

Und deshalb eröffneten sich Johann Georg Schrepfer neue Möglichkeiten der Geldbeschaffung in allerhöchsten und bestbetuchten Kreisen. So ließ sich der umtriebige Leipziger Gastronom bei Friedrich Ludwig von Wurmb melden, um ihm einen für beide Seiten gewinnbringenden Plan zu unterbreiten. Konferenzminister von Wurmb am königlichen Hof war J.G. Schrepfer nicht unbekannt, viel sagenhafte und abenteuerliche Gerüchte über ihn kursierten. Geschäftlicher Erfolg macht gierig. Der Minister war bereit, mit Schrepfer zu gegenseitigem Nutzen zu kooperieren und schrieb an seine Hoheit den sächsischen Kurfürst eine Depesche: Jener

Schrepfer »sei schon vor einigen Jahren hier gewesen und habe höchsten Orts einen Plan einreichen lassen, vermöge dessen Sachsen viele Millionen zufließen sollen, sei aber mit keiner Resolution versehen worden; jetzt sei der letzte Zeitpunkt, da vielleicht dem Lande noch könne geholfen werden, es sei alles reif zu einer eben so großen Revolution in Deutschland als bisher in Polen vorgegangen und werde das Feuer im September ausbrechen, namentlich würden Sachsen für 5 Millionen landschaftliche Obligationen und Cammer-Credit-Cassen-Scheine aufgekündigt werden, von denen man wohl wisse, daß die Zahlung nicht sofort angeschafft werden könne.«

Der Finanz-Deal kam ins Laufen und schien sicher: Schrepfer und seine *Obern* besäßen in Massen Staatsschuldscheine, die in Frankfurt, Mainz und anderswo lägen und nunmehr beste Rendite brächten. Man müsste investieren und wäre am Gewinn beteiligt. Er, Schrepfer, habe selbst eine *Schatzkiste* voll der Wertpapiere in Frankfurt stehen. Er bot den hohen Herren an, sich zu beteiligen, denn jeder wisse, »wie außerordentlich der Preis dieser Papiere seit einigen Messen in Leipzig gestiegen sei und könne daraus leicht schließen, daß solche von Leuten ausgesucht worden wären, zu deren Unterstützung Armeen marschieren könnten, die sich an unsere Arrangements und an die feierlichsten Friedensschlüsse ebensowenig als Polen kehren würden; es gäbe jedoch Mittel, Sachsen zu retten, wenn man nur die Hände dazu bieten wolle und er sei von seinen Obern desfalls besonders an Ihro Königl. Hoheit, den Herzog von Kurland, und an ihn verwiesen worden«.

Der nun zum Anlageberater gewordene Johann Georg Schrepfer argumentierte mit kaum nachprüfbaren Fakten, vermischte glaubwürdig und geschickt Realien mit Zukunfts- und Verlustangst. Auch setzte er die Anleger zeitlich unter Druck: Jetzt, und nur »jetzt sei der letzte Zeitpunkt, da vielleicht dem Lande noch könne geholfen werden. Die Ewig-

geizigen zogen ihre Spendierhosen an, bevor sie zu mir kamen, die Sachverständigen ließen ihren Sachverstand fahren und die Rechtsanwälte ihren Rechtsverstand, während ich sie sanft betäubte mit der süßen Illusion des großen Reichtums«, sagte der verurteilte Finanzbetrüger Jürgen Harksen zum Verhalten der von ihm Geprellten. Die Betrugsmethode ist immer dieselbe. Namen, die einschlägig Justizgeschichte schrieben: Flowtex, Prokon, AWD, MEG, S & K – »Big Manni«, Mehmet Göker, Helmut Kiener, Florian Homm, Jürgen Harksen. Vor unsicheren Anlagegeschäften und zwielichtigen Investoren warnen Verbraucherschutzorganisationen immer wieder: »Wenn man Ihnen nicht nur hohe Zinsen bietet, sondern die auch noch von einer bekannten Bank garantiert sind, dann kommen selbst die vorsichtigsten Anleger unter Ihnen ins Grübeln. Das wissen auch Betrüger und machen ein tolles Angebot: Für einen kleinen Anlagebetrag (meist 1.000 Euro) bekommen Sie Zinsen bis zu zehn Prozent jährlich, die monatlich ausgezahlt werden. Für die Zinsen bürgt immer ein bekanntes Geldinstitut aus dem Ausland. Ein Vierteljahr lang bekommen Sie dann regelmäßig Ihre Zinsen ausgezahlt, Sie gewinnen Vertrauen, und dann kommt der Anruf: Wenn Sie sofort 15.000 Euro investieren, können Sie die Zinsen verdoppeln. Alles garantiert, alles verbürgt. Haben Sie die 15.000 Euro überwiesen, ist allerdings nur noch eines sicher: Ihr Geld sehen Sie nicht wieder, denn die Betrüger machen sich aus dem Staub. Die Masche: Die Zinsen auf die 1.000 Euro sind ein Schneeballgeschäft gewesen, und haben sich genug Anleger gefunden, die einen höheren Betrag gezahlt haben, brechen die Betrüger ihre Zelte ab und suchen sich mit einer neuen Masche neue Opfer.«

Schrepfer hatte allen Interessierten Staatsschuldscheine angeboten, die im Werte stetig stiegen, die er aber nicht besaß. *Leer-* oder *Blankoverkauf* nennt man das Verfahren heute, *short sale* an der englischen Börse. Schrepfer hatte gut reden, seine ungenannten (und nicht existenten) *Obern* hatten Macht und kannten sich aus in Finanzwirtschaft und Politik. Sie bürgten mit ihm für die Sicherheit des seriösen Geschäfts, es waren Namen sowohl von katholischen Würdenträgern als auch aus preußischen Regierungskreisen. Das überzeugte, die Mitglieder des sächsischen Hofes investierten Zehntausende.

Als den Investoren erste Unstimmigkeiten auffielen, wurden diese Zweifel von Schrepfer zerstreut. »Ihro Königl. Hoheit, der Herzog von Curland, waren mit mir einstimmig und es ward beschlossen, den außerordentlichen Mann zwar nicht von der Hand zu weisen, jedoch genau auf ihn Acht zu haben und sobald sich einige Realität zeigen würde, Ihro Churf. Duchl. davon Eröffnung zu thun. Als er solchergestalt den ersten Eingang erhalten, fing er an, uns auf die baldige Ankunft seiner Obern zu vertrösten, die uns überall den weitern Aufschluss geben würden und erbot sich, uns einstweilen etwas von seinen Wissenschaften, die er von selbigen habe, sehn zu lassen. Er zeigte einige Medicinen, die, wie der Erfolg gewiesen, von sehr guten Qualitäten waren und derenthalben Ihro Königl. Hoheit in Ansehung Dero Gesundheit ihm in der That wesentliche Verbindlichkeit haben, auch einige kleine chymische Produkte.« Bewährte Handlungsweisen eines Hochstaplers: Geschenke machen, ablenken, vertrösten und dann verschwinden.

»Er kam wieder. Mit Bezeigung vieles Vergnügens von Seiten seiner *Obern* für das von ihm verstattete Gehör, auch mit Verheißung beträchtlicher Geldsummen für Ihro Königl. Hoheit und mich, die uns, ohne zu fragen von wem? übermacht werden sollten, unter der einzigen Bedingung ›Tugend und Rechtschaffenheit‹ zu befördern. Er bat sich dabei das neuerkaufte Palais des Herzogs beim Zeughause aus, um darin einige Vorbereitungen zu machen, damit, wenn seine *Obern* ankämen, in selbigen eine feierliche Erscheinung der Geister, mit denen sie zu reden hätten, veranstaltet werden könnte. Dieses wurde ihm von Ihro Königl. Hoheit auf seine Gefahr hin erlaubt.« Die Zeit lief, Schrepfer musste sich etwas einfallen lassen. Er sendete seinen Vertragsentwurf, der das Internationale sowie das vorteilhaft Geheime des Insider-Geschäftes unterstrich.

»Die Gelder sollen allezeit in der Schweiz ausgezahlet werden.

1 Nie soll jemand darnach fragen woher sie kommen.
2 Ihro Königl. Hoheit der Herzog Carl sollen 3. Jahr hinter einander alle Jahre 16.000 Thlr. erhalten; nach Verfließung dieser drey Jahre soll die Summe verstärckt werden; Es wird aber Ihro Königl. Hoheit gebeten, jedes Jahr zweymal in der Loge zu erscheinen, und alle Anwesende ernsthaft zur Tugend und Rechtschaffenheit anzumahnen.
3 Ihro Excellenz dem Herrn Minister von Wurmb werden drey Jahre 6.000 Rthlr. ausbezahlt werden; nach Verfließung derselben soll die Summa verstärket werden; hiergegen werden Ihro Excellenz gebeten, zu gewissen Zeiten in der Loge zu erscheinen und die Gesellschaft zur Tugend und Rechtschaffenheit aufzumuntern, die denenselben anvertraute Geheimnisse einzig und allein für sich zu behalten.
4 Die erwählten Deputirten aus Sachsen, welche mit nach Braunschweig [zum Freimaurer-Konvent] gehen, sollen drey Jahre hinter einander jedes Jahr 2.000 Rthlr. erhalten, nach Verfließung dieser 3 Jahre soll diese Summa vermehret werden.
5 Noch 17 Personen in Sachsen sollen alle Jahre die Person 1.000 Rthlr. erhalten; nach Verfließung dieser 3 Jahre soll die Summa vermehret werden.
6 Ultimo Juny sollen 3.000 Rthlr. in Dreßden ausgezahlet werden zur Reise derer Dresdner Deputirten.«

Trotz Vertragstext flossen keine Gelder. »Ihre Excellenz wird sich erinnern, daß die Fristen von verschiedenen Wechseln, die Sie gegeben haben, abgelaufen« ist. Schrepfer redete und redete und wand sich. Bis hin in höchste Regierungskreise hatten Persönlichkeiten investiert (im Wert von heute mehr als eine Million Euro) und wollten endlich die Gewinne zählen. Nichts kam von Schrepfer und seinen *Obern* außer Worten, nichts an Wert, geschweige denn an Geldwert. Die Gläubiger waren mit ihrer Geduld am Ende und handelten und ließen sich des Meisters Schatzkiste aus Frankfurt/Main nach Leipzig kommen. Nach Schrepfers eigenem Bekunden sollten sich darinnen in versiegelten Paketen *Cammer-Credit-Cassen-Scheine* im Wert von mehreren Millionen befinden. Man entschloss sich, die vier deponierten Pakete anzusehen:

Nach der »Eröffnung fand sich ein Paket (No. 3) von Schroepfern versiegelt. Hierin fand sich nichts als Privat Briefe und zum Theil ganz nichts würdige Chartequen [Schriftstücke] so nicht einmal weiter durch gesehen zu werden verdienten. In den größeren Paquet ohne Nummer, fanden sich gar keine Briefschaften, sondern weiße Wäsche und Strümpfe. In den Paquet Nr. 1 und 2 waren blecherne Capseln und Schachteln mit feinem Sande, und in den größeren Hagelsteine verpackt. Man fuhr darauf fort, auch diejenigen Paquete zu eröffnen so Schröpfer mir, den Cammerherrn du Bosc gestern in Merseburg zugestellt hatte. In dem ersteren fanden sich einige Plans und geheime Aufsätze nebst einem von mir, dem Conferenz-Minister von Wurmb in Dresden, an Schröpfern abgelassenen sehr ernsthaften und nachdrücklichen Schreiben. In einem andern eine Menge weißes Postpapier, und in den dritten ein noch größeres Paquet weiß Schreibpapier.« Nun war es gewiss und nicht zu leugnen: Man war einem Betrüger aufgesessen.

Einer der schillernden Finanzjongleure der deutschen Gegenwart sagte, als ihm das Vertuschen nicht mehr möglich: »Das viele Geld, es war nur ein Traum von mir. Ich hatte die Gabe, diesen Traum in Realität zu verwandeln. Obwohl ich

Träume in die Hirne und Herzen meiner Anleger pflanzte, trug ich nichts zur Ernte bei. Aus purem Übermut, getrieben von dem Wunsch nach Anerkennung, missbrauchte ich das Vertrauen von Menschen, die nur das von mir wollten, was ich von ihnen bekam: Geld. Dafür bitte ich um Verzeihung.« Johann Georg Schrepfer kann um Verzeihung nicht mehr bitten.

»Die betrogenen hohen Herren überdachten ihre Lage. Allzuviel stand auf dem Spiel. Die Angst war ihnen anzusehen. Was, wenn diese Affäre ans Licht der Öffentlichkeit käme: Schmach und Schande und Gelächter. Der Kurfürst würde solch Leichtgläubige aller Reputation und Posten verlustig gehen lassen.« Die schiere Gier hatte sie ergriffen. Der Glanz des Geldes hatte sie mit Blindheit geschlagen. Allein der Satz, man habe »einen Betrug, der auf Geldschneiderei hinausliefe«, nicht vermuten können, würde sie nicht retten können. Die hohen Herren schwiegen drei Wochen lang, dann schritten sie zur Tat.

Am 7. Oktober 1774 traf man sich in Schrepfers Haus am Barfußgäßchen: der Kammerherr Johannes Rudolph von Bischoffswerder, Kammerherr und Kriegsrat Christian Friedrich von Hopfgarten, die Görlitzer Kaufleute Fröhlich und Petri, der Leipziger Advokat Johann Heinrich Hoffmann. Man habe einträchtig beisammen gesessen und geplaudert, steht unisono in den Protokollen. Man aß im Freundeskreis zu Abend, trank Punsch bis ein Uhr in der Nacht. Die Stimmung sei ausgelassen und heiter gewesen, bestätigten Schrepfers Gäste am nächsten Tag. Endlich sei man ins Bett gestiegen, zwei der Besucher übernachteten in seinem Hause, er hatte sie höflich dazu eingeladen. Nach kurzem Schlafe hätte man sich früh bei Sonnenaufgang gegen fünf auf eine *Promenade* ins nahe Rosenthal begeben. Als sie nun so plaudernd spazierten, hätten sie den Schrepfer nimmer gesehen. Dann fiel hinterm Busch ein Schuss. Der Mann war tot. Ein Selbstmord. Zweifellos.

So harmlos und so einvernehmlich, wie die fünf Herren es den Ermittlern suggerierten, war die Wanderung ins Rosenthal keineswegs gewesen. Widersprüche in den Protokollen der Beteiligten sind allzu offensichtlich. Gegen fünf war die Sonne am 8. August 1774 noch gar nicht aufgegangen. Um 6.27 Uhr war's, steht in den Kalendern. Es war stockfinster. Ein Spaziergang in dunkler Nacht, bei dem die Herren augenblicklich Aktivitäten zu entfalten wussten.

Der Anwalt lief stracks zum Amt. »Den 8. Oct. 1774. Heute morgen um 6 Uhr zeigt H. Advokat Hofmann an, er wäre mit Johann George Schrepfer, dem Kaufmann Fröhlich, dem Kaufmann Petri, dem Herrn Cammerherrn Bischoffswerder, dem Cammerherrn Hopfgarten des morgens ins Rosenthal gegangen, im Rosenthale hätte Schrepfer die Gesellschaft vorausgehen heisen, indem er nur ein wenig bey Seite gehen, und gleich nachkommen wolle. Sie wären aber kaum etliche Schritte gegangen gewesen, so hätten sie einen Schuß gehöret und wären zurück gegangen, um zu sehen was es gäbe, da sie dem Schrepfern in seinem Blute tod liegend gefunden. Hierauf ist der tode Cörper ins Lazarett geschaffet, und dessen Section veranstaltet worden. Auf der rechten Seite des Cadavers hat ein stählernes kleines Terzerol an der Erde gelegen, so mit ins Judicium gebracht worden.«

Kammerherr von Bischoffswerder eilte wohl zurück ins Gasthaus und schrieb *à 6 h du Matin* einen Brief an den Minister Friedrich Ludwig von Wurmb in Dresden. »Der alte Schrepfer hat gerade erst sein Wahl getroffen in einer Art und Weise, daß ich erschrocken war, zumal ich Zeuge des Vorgangs war. Ihre Excellenz wird sich erinnern, daß die Fristen von verschiedenen Wechseln, die Sie gegeben haben, abgelaufen waren. Er vergewisserte sich noch der letzten Gläubiger, daß er sie an Hopfgarten auszahlen würde und bittet den Anwalt Hoffmann gegenwärtig zu sein. Die Händler Froelich und Petre nahmen mich am frühen Morgen mit ihm mit nach Colitz [Gohlis], wo er uns auf dem Weg etwas mitteilen würde. Wir waren alle sehr neugierig zuzusehen, wo das hinführen würde. Nach einem kleinen Stück des Wegs zusammen im kleinen Wald bat er uns einen Moment zu warten und zog sich zurück – ein Wutanfall. Wir vermuteten, daß er einige Notwendigkeiten zu befriedigen hatte, und nach wenigen Minuten hörten wir einen Pistolenschuß. Als wir ihn nicht zurückkehren sahen, ahnten wir die Wahrheit. Der Anwalt Hoffmann ging ihn suchen und fand ihn durch einen Pistolenschuß erschossen. Hoffmann hat das Vorgefallene schon deklariert und ich glaube nicht mehr warten zu müssen, um an Ihre Excellenz diesen schrecklichen Unfall mitzuteilen, damit Ihr alles Nötige abschätzen könnt, was diese Untersuchung durch einen Berechtigten angeht. Ich habe die Ehre, Ihrer Excellenz würdiger und gehorsamer Diener Bischoffswerder zu sein.«

Advokat Johann Heinrich Hofmann gab weiter zu Protokoll: »Um 5 Uhr wären die benannten Freunde, die Schrepfer auch zur Promenade eingeladen, gekommen, und um halb 6. Uhr sey Schröpfer auch herunter in die Stube völlig angekleidet gekommen, er hätte ein Glas Ratavia getrunken, auch denen übrigen davon angeboten; hierauf wären sie mit Schröpfern ausgegangen, der sie dann ins Rosenthal geführet; als sie an der ersten Allee gekommen, hätte Schröpfer zur Gesellschaft gesagt: Warten Sie ein wenig meine Freunde, und wäre die Allee hingegangen auch am Ende herum, daß man ihn nicht sehen können, sey aber wieder zurück gekommen, und habe den vorigen Weg abermals genommen, und hätten sie kurz hernach einen starcken Schuß gehöret, sie wären also Schröpfern nachgegangen und hätten ihn an der Erde in seinem Blute liegend gefunden, worauf sofort bey dem Herrn Stadt-Richter Anzeige gethan.« Und der Anwalt führte weiter aus: »Er habe weder den Abend vorhero noch heute früh an dem selben weder etwas trauriges noch tiefsinniges, noch etwas bemerkt, das die Besorgnis dieses tragischen Erfolgs erwecken können, vielmehr sey Schröpfer so lustig, munter und aufgeräumt gewesen als wenn man auf einen Ball zu gehen Vorhabens wäre. Dieses sey der wahre Verlauf dieses Zufalls, und wisse er nicht, was Schröpfern zum Selbst-Morde verleiten können.«

Über die Deutung des Geschehens sind sich Schrepfers sogenannte Freunde – zumindest bei der Vernehmung – einig: Selbstmord. Nur widersprechen sich ihre Aussagen erheblich. Die einen meinen, Schrepfer sei zurückgeblieben, die andern wissen, Schrepfer sei vorausgegangen. Einem schien er heiter und gelöst, andere vermerkten einen Wutanfall desselben. Dass auch der Anwalt im Haus geschlafen hat, obwohl sein eigenes Bett keine 50 Meter weiter stand, ist zumindest verwunderlich. Geschockt aber behaupten sie alle: »Man hätte sich eher des Himmels Einfall, als Schröpfers Selbst Entleibung versehen sollen.« Tatsache: Schrepfer war durch einen Schuss getötet worden.

»Nachdem der Leichnam des ehemaligen Coffetiers Schröpffers, welcher sich am 8ten ietztlaufenden Monats mit einem Schuß in den hiesigen Rosenthal selbst entleibt hatte, in EE Hochew. Raths allhier Kranken Hauß oder Lazareth gebracht worden war, so haben wir Endesunterschriebenen noch selbigen Tag den Körper besichtigt, dessen Verwundung untersuchet und folgendes wahrgenommen:

Der Körper selbst war wohlgebaut, und gut genährt, auch an denselben nirgends Narben, oder Merckmahle ehedem zugefügter Verletzungen zu bemercken, als theils an und in dem Munde, und auf der linken Seite des Skrotums [Hodensacks] eine Hernie [Bruch].

Dahero, weil das mörderische und tödende Gewehr durch den Mund applizirt worden war, so funden wir auch vor nöthig, nur des Kopffes genauer Untersuchung anzustellen.

Aeusserlich an den Winkel der Lippen rechter Seite zeigte sich eine Wunde, welche Drey-Viertel Zoll lang aufwärts stieg, doch nur durch die Haut durchgedrungen war, auch der scharfen Ränder wegen, als geschnitten erschien, vermuthlich aber durch den Schlag des losgedrückten Terzerols verursacht worden war. Eine dergleichen kleinere, so nur einen Viertel Zoll betrug, war an den Winkel des Mundes linker Seite zu finden, der übrige Theil der Oberlippe war unbeschädiget. In den Munde aber, unter der Oberlippe, als unter welcher das Terzerol angeleget worden, gerade an den Mittel der Obern Kinnlade, über den beiden mittelsten Schneidezähnen, bey dem daselbst befindlichen Ligament [Strang], entdeckte sich die Oefnung durch welche der Schuß einwärts und aufwärts gegangen. Hier sahe man die beyden Theile der obern Kinnlade, jedoch ohne Verletzung der Zähne aus einander gesprengt, ingleichen den vordern Theil der Zunge mitten durch zerschmettert und verbrann, die Trennung betrug der Länge nach fünf Zoll. Ob nun gleich durch eine angebrachte Sonde, das der Schuß in den Kopf hinein gedrungen war, deutlich bemerket wurde, so mußte doch um die Beschaffenheit der innerlich verletzten Theile genauer zu bestimmen, vornehmlich weil der Schuß durch den Kopf nicht wieder heraus gegangen, der Kopf von den gemeinen Hauptdecken entblöset und die Hirnschale gehörig abgesettzt werden. Nachdem dieses geschehen, so entdeckte sich unter den obern Theil des ossis occipitis [Hinterhauptbein], in der dura matre [harten Hirnhaut] ein kleine Oefnung, und unter derselben ein Körper, welcher sich hart anfühlen ließ.

Nach Ablösung der dura matris und genauerer Untersuchung des Orts zeigte sich, daß der harte Körper die aus den Gewehr geschossene Kugel sey, welche ohngefehr ein Loth betrug, und als durch das ganze Gehirn bis dahin durchgedrungen war.

Es war auch dieser Weg so frey, daß nur durch die Oefnung applicirte Sonde ganz gemächlich durch die am Mund bemerkte Oefnung wieder herausgeführet werden konnte.

Weil auch das Gehirn nach und nach behutsam hinweg genommen wurde, so sahe man, daß bey Anfang der nervorum opticorum [Sehnerven] durch den ventriculum lateralem desctrum [rechten Hirnseitenventrikel] neben lobum posteriolem cerebri [Hinterhauptslappen] die Kugel durchgegangen, und verschiedene los geschmetterte Stückgen Knochen mit sich genommen hatte.

In der bahsi cranü [Schädelbasis] aber, wurde man gewahr, daß die Verletzung durch die hellam turcicam [Türkensattel] gegangen, wie denn nicht nur der mittlere Theil des ossis Sphenocdei [Keilbeins], sondern auch die processus clinoidei [Fortsätze des Türkensattels] beyde Seiten abgebrochen, auch die arteria carotis interna [innere Halsschlagader] zerschmettert worden.

Die oben bemerkte hernia scrotalis sinistri lateris [Hodenbruch der linken Seite] war bey genauere Untersuchung theils eine Eplicocele [Fettgewebe enthaltend] als welche einen großen Theil des mit vielem Fett gefüllten omenti [Bauchnetzes] enthielt, theils eine hydrocele [Wasser enthaltend], indem sich der tunica vaginali testiculi [Leistenkanal] allbreit ein paar Löffel voll ausgetretenes Wasser befand.

Die Lethalitat angebrachter Verwundung liegt deutlich vor Augen.«

Die Zweitschrift des gerichtsmedizinischen Gutachtens widerspricht den von den Zeugen genannten Beobachtungen nicht: Es kann so gewesen sein, und Johann Georg Schrepfer tötete sich selbst. Doch lässt das Protokoll im Zweifel, ob es sich tatsächlich um einen Suizid gehandelt hat. »Ungewöhnlich ist der Einschuss im Mundvorhof – und nicht in der Mundhöhle. Denkbar wäre hier ein gewaltsames Einführen der Waffenmündung zwischen den Lippen durch eine fremde Person, wobei ein aktives Aufeinanderpressen der Kiefer (Abwehrverhalten des Opfers) das Eindringen der Waffe in den Mund verhindert hat. Ob typische Festhalte- oder Fesselspuren an den Armen vorlagen, die für die Fixierung des Opfers sprechen könnten, ist dem Sektionsbericht nicht zu entnehmen«, urteilt das Gutachten des Rechtsmediziners Carsten Hädrich aus dem Jahr 2011 über das damalige Sektionsprotokoll.

Zweifel, ob Schrepfer freiwillig aus dem Leben schied, werden für immer bleiben. Als Tatsache bleibt festzustellen: Sogenannte Freunde haben ihren *ächten* Logenbruder, den Anlagebetrüger Johann Georg Schrepfer, zum Spaziergang in das nahe Rosenthal überredet. Möglich wäre es, dass nach einem Stück des Weges ihrer zwei Schrepfer an den Armen hielten und ein dritter dem Opfer das mitgebrachte Terzerol zwischen die Lippen schob. Dann drückte er ab. Diese Deutung der Umstände wird nie bewiesen werden, doch erscheint sie logisch. Der *Geisterseher* war der höheren Gesellschaft zur Gefahr geworden. Das ist ein Berufsrisiko der Menschen, die Macht mit Übersinnlichem verbinden: Wallensteins Astrologen Giovanni Battista Seni erstach man. Auf der Zarin predigenden Wunderheiler Grigori Jefimowitsch Rasputin verübte man mehrere Anschläge, bevor einer tödlich endete. Hitlers Hellseher Erik Jan Hanussen barg man totgeschossen im Wald. Vollständig aufgeklärt wurden all diese Verbrechen nie. Akten verschwanden. Beteiligte schwiegen. Zeugen starben. Jeder dieser geistersehenden Ermordeten bot Detektiven, Künstlern, Interessierten unendlich Stoff zur Interpretation. Alle blieben geheimnisumwittert. Alle gaben Anlass zu Literatur und Film.

Auch der Fall Schrepfer wurde einer endgültigen Lösung entzogen: Der sächsische Kurfürst ließ »das bey denen Stadt Gerichten vorhandene Paquet Johann George Schrepfer angehende Briefe« nach Dresden schicken. Und Ihro Königl. Hoheit, »der Herzog von Curland hat sich alle Akten kommen lassen zur Einsicht ...« Minister Friedrich Ludwig von Wurmb behielt sein Amt und war wohl Vorbild für Schillers intriganten *Haussekretär des Präsidenten* namens Wurm in der Tragödie *Kabale und Liebe* (1784). Kammerherr Johann Rudolph von Bischoffswerder verschwand aus Dresden zunächst nach Schlesien, dann nach Preußen und übte seine Geisterseherfähigkeiten nun beim König Friedrich Wilhelm I. aus. Die Séancen in Bischoffswerders Schloss zu Marquardt im Brandenburgischen hinterließen beweisbar Spuren in der Politik. Die Zeugen des Falles, Advokat Hofmann, die Kaufleute Fröhlich, Petri und DuBosc gehörten 1776 zu den Gründern der Leipziger Loge *Balduin* und gingen wieder zu alltäglichen Geschäften über.

Es »ist nach vorgängiger Communication mit der Raths-Stube resolviret worden, daß der Schröpfferische Cörper auf den am Rosenthale gelegenen Lazareth-Gottesacker an der Seite in der Stille eingescharrt werden solle, welches in solcher Maase geschehen«. So fand der *Geisterseher* seine letzte Ruhe nahe des Tatorts auf dem ehemaligen Gelände der Trinitatis Kirche an der Emil-Fuchs-Straße. Die Akten des Mordfalls liegen zum größeren Teil im Leipziger Stadtarchiv, Johann Georg Schrepfers Briefe sind verschwunden. Das Rätsel um ihn bleibt.

Resümé: Bei Kriminalfällen, die in Regierungskreise führen, haben »in vielen Vernehmungen Beamte von Justiz- und Finanzbehörden stets versichert, dass bei ihren Ermittlungen niemals Druck von politischer Seite ausgeübt worden sei. Hin und wieder sei lediglich bei der Bearbeitung um Nachdruck gebeten worden. Die Nachforschungen sollten zügig erfolgen und abgeschlossen werden. Dennoch hat es die schützenden Hände aus der Politik in all den Jahren sehr wohl gegeben. Der berauschende Klang des Namens, das Wissen darüber, welche Minister ein- und ausgegangen waren, wurden als so brisant eingestuft, dass man die Täter nur mit Samthandschuhen anfasste«, sinnierten Journalisten bei einem Finanzskandal im Jahr 1996. Deckte man im Jahre 1774 aus Staatsräson tatsächlich Mörder?

Der Autor schuldet Dank und Anerkennung den Recherchen Otto Werner Försters und dessen Hilfe beim Erstellen des Manuskripts. Alle angeführten Zitate und Transkriptionen den historischen Kriminalfall Schrepfer betreffend sind Försters Buch *Tod eines »Geistersehers«*, Leipzig, 2011, entnommen.

Keine Kohle kann brennen so heiß

Bankhaus am Abgrund

*Was ist ein Einbruch in eine Bank
gegen die Gründung einer Bank?*
Bertolt Brecht

Bankhaus, mein Beinhaus!
Manfred Hinrich

»Noch, Mitbürger! ist die Rede nicht von Subscriptions-
scheinen, oder Geldopfern, oder von Ausführung bereits
gefaßter Pläne. Diese Angelegenheit ist nicht in den Händen
von Spekulanten, denen nur darum zu thun ist, ihren Vortheil von der Unternehmung zu ziehen, gleichwohl sey es
auf Kosten, oder zum Vortheil derjenigen, die sie überredet
haben, Geld zu ihrer Disposition zu stellen.«

Es waren ehrenwerte Unternehmer mit einer Vision,
sie hießen u.a. Carl Lampe, Gustav Harkort, Albert Du-
four-Féronce und Wilhelm Seyfferth, die im Jahre 1835 die
Leipzig-Dresdner Eisenbahn-Compagnie gründeten und dafür auch um finanzielle Unterstützung baten. Sie initiierten
als engagierte Bürger den Bau der ersten Fernbahnschienen-
strecke auf dem europäischen Kontinent. Die *Leipzig-Dresdner Eisenbahn* war eine Privatinitiative, bevor sie zum
Staatsunternehmen wurde. Die ersten Gleise verlegte man
zwischen Leipzig und Dresden, trug Berge ab und baute
Brücken. Am 24. April 1837 konnte man das erste Teilstück
von Leipzig nach Althen befahren und beeindruckte Massen
wie Prominenz. »Die ganze Bahnstrecke atmete auf einmal

die schönste Ordnung und Einheit. Die Wärter der Bahn erblickte man in schwarzgrauen Röcken mit blauen Aufschlägen, bedeckt mit einem breitgekrämpten Hute mit gelbem Schilde. Die Schaffner der Wagen trugen dieselbe Kleidung und nur anstatt der Hüte leichtere Mützen von schwarzem Tuche mit blauen Streifen. Längs der Bahnstrecke hatte sich eine ungeheure Menschenmasse aufgestellt, und aus Leipzig wogte es noch unaufhörlich, so daß die volkreiche Stadt trotz der Messe und der ungeheuren Anzahl Fremder wie verödet schien. Um 9 Uhr sollte die erste Fahrt beginnen. Sechs Wagen standen bereit, die Zahl der Geladenen aufzunehmen. Der erste war ein offener Wagen, gefüllt mit dem Musikchore des in Leipzig garnisonirenden Schützenbataillons, das seine freudigen rufenden Hörnerklänge weit hin in die Lüfte sendete und alle Herzen jauchzen machte. Die übrigen fünf verdeckten Wagen waren von der äußersten Eleganz, im Innern bequem wie Sophas. Schon schnaufte der prächtige ›Blitz‹, der die Wagen führen sollte, wie ein ungeduldiges Roß aus seinen Nüstern und harrte voll innerer Unruhe des ersten Glockenschlages der 9. Stunde als des Zeichens der Abfahrt, da hörte man auf einmal, es war 3 Minuten vor 9 Uhr, den jauchzenden Jubelruf der dichtgedrängten Menschenmenge: ›Prinz Johann kommt!‹ Und wirklich langte der edle allverehrte Prinz mit seinem ältesten Sohne Albrecht und dessen Erzieher, dem Geheimen Rath von Langenn direct von Dresden an. Der vortreffliche Fürst war zwar erhofft und ersehnt worden, aber man hatte doch nicht mit Bestimmtheit seiner Ankunft entgegengesehen. Um so größer war die Freude. Se. kgl. Hoheit war die ganze Nacht über gefahren, um an der Eröffnungsfeierlichkeit Theil zu nehmen. Und es muß gesagt werden, wo irgend Etwas die Interessen des Vaterlandes vereinigte, fehlte gewiß nie Einer aus dem alten, treuen Fürstenstamme des Hauses Wettin! Schnell bereitete man die Plätze für die erhabenen Gäste vor. Punkt 9 Uhr setzte sich der mit

Kränzen und Fahnen geschmückte ›Blitz‹ in Bewegung. Der Donner der Böller und der Jubelruf der Mitfahrenden und der Zuschauer begleiteten die Wagen aus dem mit Wimpeln geschmückten Bahnhofe. Manche Wagen und Reiter versuchten den brausenden Stürmer aus der nahen fast parallel laufenden Chaussee zu begleiten, um an seine Kräfte und Schnelligkeit den richtigen Maßstab zu legen. Anfangs langsam rollend, brauste der Dampfwagen immer schneller und schneller dahin. Bald war er aus dem Gesichtskreise der ersten Zuschauer. Ueberall salutirten die aufgestellten Militärpickets und Wachen, jeder Bahnwärter stand gravitätisch auf seinem Posten und gab mit der vorgestreckten Hand das Zeichen, wie alles in Ordnung sei. Man flog über die zwei Chausseen, die Dörfer rechts und links liefen im Nu an dem Blicke vorüber. Sellerhausen, Paunsdorf, Engelsdorf, Sommerfeld — da lag Althen, und der Willkommen des hier vereinigten Musikchors aus Leipzig löste die Militärmusik ab, welche den lärmenden Wagen auf der Fahrt zu übertönen gesucht hatte. Man war 20 Minuten gefahren, denn nicht allein, daß der Wagenmeister (Locomotivführer) auf dieser kurzen Strecke nicht die volle Kraft des Dampfes in Anspruch nahm, so steigt noch dazu die Bahn bis zu dem gegenwärtigen Ziele, wenn auch sanft, so doch stetig an, so daß die Fahrt rückwärts mit derselben Kraft stets 5 Minuten früher beendet ist. Die Ankommenden wurden von Denen, die vorausgeeilt waren, mit Zuruf empfangen, und Se. Kgl. Hoheit war mitten in dem Volke der Sachsen ein Zeuge der hohen Freude, mit welcher Alle den Tag dieser vaterländischen Unternehmung begrüßten. Das Directorium hatte für die Eingeladenen und Fremden ein reiches Frühstück bereit gehalten. An der Tafel herrschte Frohsinn, Unbefangenheit und herzliche Innigkeit, die sich in den verschiedenen und zahlreichen Toasts aussprachen.«

Es war Karl Marx, der wusste: »Dem Legen der Schienen gehen enorme Arbeiten voraus. Die Erdwerke, 70.000 Kubikyard per Meile, würden einen Raum von 550 Millionen Kubikyard füllen. Aufgeworfen in der Form einer Pyramide, betrüge ihr Durchmesser eine halbe (englische) Meile, ihre Höhe anderthalb Meilen – ein Erdberg, woneben die St. Paulskirche zum Liliputaner zusammenschrumpft.« Mit der *Leipzig-Dresdner Eisenbahn-Compagnie* fuhren nun in Deutschland Züge über weite Strecken und verkürzten die Entfernungen erheblich. Reiseführer Karl Baedeker sah ob dieser Entwicklung 1838 bereits die Zukunft: »Es ist eine prächtige Einrichtung mit diesen Eisenbahnen. Bei Reisen kommt Geld und Zeit gar nicht mehr in Betracht.« Doch neben Zeit, auch Arbeitszeit, bedarf solch Unternehmen vor allem eins, der soliden Finanzierung.

Auch deshalb gründeten u.a. die Eisenbahnpioniere Seyfferth, Harkort und Dufour am 5. September 1838 die Leipziger Bank als erste sächsische Aktiengesellschaft und private Notenbank mit einem Stammkapital von 1,5 Millionen Talern. Die Leipziger Bank war ein Kreditinstitut mit dem Recht, Kassenscheine und Banknoten auszugeben. Diese Bank schuf durch Wechsel und Wertpapiere ihren Umsatz. Erst ab dem Jahre 1876 verwaltete man im Bankhaus auch (Giro-)Konten und avancierte in der Messe- und Handelsstadt zum erfolgreichen Kreditinstitut, dem die Leipziger allein qua Name ihr Geld anvertrauten. Die Deutsche Bank hatte es in der Messestadt sehr schwer und mangels Kunden weder Schalterhalle noch Büro noch Standing.

Die Leipziger Bank ward angesehenes Geldinstitut und beliebte Kreditbank der Wirtschaft. »Durch Kapitalerhöhungen waren ihre Mittel im Jahre 1855 auf 3 Millionen Taler, im Jahre 1873 aber sofort auf die doppelte Summe gebracht worden. Da mit diesen bedeutenden Mitteln Jahrzehnte hindurch in vorsichtigster Weise nach durchaus soliden Grundsätzen gewirtschaftet worden war, so verband sich mit dem Namen der Leipziger Bank der Ruf eines Instituts, dem man das vollste Vertrauen entgegenbringen konnte, und mit der in engerer Geschäftsverbindung zu stehen allein schon genügte, um eine Firma als hochstehend und sicher erscheinen zu lassen.«

Zum Aufsichtsrat des noblen Geldinstitutes zu gehören, war eine Ehre, die die Elite der Stadt sehr gern annahm. Im Gremium saßen Bürgermeister und deren Stellvertreter, Stadträte, Unternehmer und die Chefs ihrer Verbände. Im Jahre 1887 erschienen den Aufsichtsräten die von der Bank erwirtschafteten Renditen und Dividenden allzu gering, und man beschloss zu handeln und betraute eine neue Leitung mit der Führung der Geschäfte. Die Stelle schrieb man aus, und auf den Chefposten der Leipziger Bank bewarb sich der junge, flexible, ideen- und erfolgreiche Banker August Heinrich Exner.

»In der Tat war die Persönlichkeit Exners geeignet, das Interesse aller auf sich zu lenken. Man erfuhr, daß er, am 1. Juli 1887 an die Spitze der Leipziger Bank gestellt, zu dieser Zeit noch im jugendlichen Alter von 28 Jahren gestanden hatte. Aus kleinen Verhältnissen emporgewachsen, hatte er sich außerordentlich schnell zur Geltung zu bringen vermocht. In Kassel war er als Sohn eines Barbiers geboren. Auf der Oberrealschule seiner Vaterstadt hatte er seine Vorbildung empfangen und sich danach sofort dem Bankfach gewidmet. Eine nicht unbedeutende Begabung für diesen Beruf ließ ihn bald aus der Reihe seiner Berufsgenossen hervortreten. Bei der Deutschen Bank genoß der Angestellte Exner derartig hohes Vertrauen, daß sie ihn absandte, um in China die Handels- und Verkehrsverhältnisse praktisch zu studieren, damit solche Kenntnis bei zukünftigen Transaktionen in diesem Lande verwertet werden könnte. Man sagt, daß nach Rückkunft von dieser Reise Exners Selbstbewußtsein, seine hochfliegenden Pläne und die leidenschaftliche Art, wie er sie unter Versäumung vorsichtigster Überlegung auszuführen bereit war, seinen Chefs unangenehm zu werden begann, so daß sie Exner von ihrem Institut nicht ungern scheiden sahen, als er sich bei dem Aufsichtsrat der Leipziger Bank um eine Direktorenstelle bewarb.«

Die Herren aus dem Leipziger Aufsichtsrat fanden all ihre Erwartungen bestätigt, wenn nicht übertroffen. »Für die Leipziger Bank freilich war der jugendliche Eifer, die wilde Betriebsamkeit eines Exner nicht unerwünscht. Man hoffte, daß solche Eigenschaften des ersten Leiters die Bank befähigen würden, den alten Glanz des Hauses wieder aufzufrischen und die Geschäftsführung des Instituts, die in der letzten Zeit immer mehr einen schleppenden Gang angenommen hatte, neu zu beleben und fortschrittlich auszugestalten. Und in der Tat war zunächst ein Aufschwung des Instituts unter Exners Leitung nicht zu verkennen.« Der gute Ruf der Bank wurde gemehrt, und »wer nicht gerade an der Persönlichkeit Exners Anstoß nahm, mußte denn auch zugeben, daß das Unternehmen gedieh. Augenscheinlich trug die Leipziger Bank den gegen früher veränderten Lebens- und Verkehrsverhältnissen volle Rechnung; dem fortwährenden Wachstum der alten Meß- und Handelsstadt Leipzig entsprechend, dehnte auch sie, eine bedeutende Stütze der Leipziger Kaufmannschaft, ihren Betrieb aus und suchte mit den anderen Instituten ähnlicher Art im beständigen Fortschreiten gleichen Schritt zu halten. Das Kapital der Aktiengesellschaft wurde im Jahre 1890 noch um 6 Millionen Mark erhöht, 1896 fand eine weitere Vermehrung um 8 Millionen statt, der schon 2 Jahre später eine nochmalige Erhöhung um volle 16 Millionen folgte, so daß seit 1898 die Briefe der Leipziger Bank die stolze Kopfnote tragen konnten, die von einem Aktienkapital von 48 Millionen Mark sprach.«

Das Vermögen wurde sichtbar. Hatte die Leipziger Bank bislang nur eine Filiale in der Landeshauptstadt Dresden, so kamen nun Dependancen in Chemnitz, Plauen, Aue und Markneukirchen und eine Kommandite in Pößneck dazu. Der Kundenkreis, er wuchs und wuchs. Der Umsatz betrug im Jahre 1900 drei Milliarden Mark. »Daß die Gesellschaft gute Geschäfte machen mußte, konnte man aus den Dividenden entnehmen, die zur Verteilung gelangten. Zwar wurde der höchste Prozentsatz von 12 6/11 Proz., der im Jahre 1856 ausgeschüttet worden war, nicht wieder erreicht; immerhin hielt sich die Dividende auf angesehener Höhe. Im Jahre 1887 waren es noch 5 Proz. gewesen, die verteilt wurden; seitdem hob sich der Satz allmählich auf 9 Proz., um vom Jahre 1896 an stetig mit 10 Proz. abzuwechseln. Diesen Gewinnen entsprach der Kurs der Leipziger Bank-Aktien: Im Jahre 1887 stand er auf 129 ½, Anfang 1890 notierte die Börse 193 ¼; in der Zukunft wich der Stand.« Blieb jedoch im Vergleich zu anderen Bankhäusern ansehnlich bei »etwa 150 Proz. Rücklagen und Bau-Reserven standen auf hohem Niveau. Die Zahl der Aktionäre schwankte um die 8.000. Der Gewinnüberschuß im Jahre 1900 notierte 5.623.502 Mk., der fast gänzlich als Dividende ausgezahlt wurde.« Ein prosperierendes, gesundes Unternehmen. Ein Manager, der seine Geschäfte mehr als gut versah und der angemessen zu leben wusste.

»Einem erfolgreichen Banker wie Exner wurde ein extravaganter Lebensstil nachgesehen. Sein Gehalt betrug anfangs 12.000 Mark jährlich, zuletzt 24.000 Mark. Mehr ins Gewicht fielen für ihn die Tantiemen: 1896 waren es 122.000 Mark, 1900 gar 167.000 Mark. Hinzu kamen Gelder, die er als Mitglied eines halben Dutzends Aufsichtsräte bezog. Exner heiratete während seines Leipziger Aufenthaltes die Tochter eines englischen Reeders, die aus den Erträgen des väterlichen Unternehmens zwischen 20.000 und 30.000 Mark jährlich bezog.« Das Familienvermögen wurde bei 1 Million Mark vermutet. Exners Haus in der Probstheidaer Straße 1 war eine Prachtvilla mit großem Garten, »und hatte mehr Hauspersonal als der Oberbürgermeister, besaß eine eigene Kutsche, drei Pferde etc.«. Diese Haushaltsführung verschlang jährlich mindestens 40.000 Mark.

Bei den gut laufenden Geschäften hatte sich die Leipziger

Bank im Jahre 1864 angemessen in der Klostergasse No. 3, parallel des Marktes, ihr Bankhaus errichten lassen. Ebenerdig war die weite Schalterhalle für den Kundenverkehr zugängig. Darüber residierten Management, Verwaltung und Vertreter. Die Büros waren großzügig. Sitzungssäle ließen ungestört verhandeln. Doch erschien dieses Gebäude der Bank unter der Ägide Exners und angesichts des großen und weiter anwachsenden Einflusses und Kundenstamms als zu klein und ungeeignet. Direktion und Aufsichtsrat beauftragten 1897 den angesehenen Architekten Arwed Roßbach mit dem Entwurf einer neuen und den Geschäften angemessenen Repräsentanz. Roßbach zählte zu Leipzigs großen Architekten um 1900 und war ein typischer Vertreter des Historismus. Er verantwortete in Leipzig viele der Neu- und Umbauten jener Zeit, von Universitätsbibliothek über Augusteum, Rotes Kolleg, Paulinerkirche bis zur Taborkirche in Kleinzschocher. Für das neue Bankhaus bot das Gelände an der Schillerstraße/Martin-Luther-Ring Baufreiheit an Platz und Höhe, denn es war seit dem Abriss der Pleißenburg noch unbebaut. Roßbachs Entwurf wird im Erdgeschoss durch »eine wehrhaft wirkende Rustika und genutete Fenstersäulen an den Längsseiten bestimmt. Der gerundete Eckrisalit mit dem Haupteingang ist in den Obergeschossen durch Pfeiler bzw. Säulen in Kolossalordnung gegliedert. Die Attika bekrönen über dem Eingangsbereich zwei plastische Figurengruppen. Aus dem Türgewände sind im Relief zwei Löwenköpfe herausgearbeitet, die symbolisch als Wächter fungieren. Roßbach verwendete Elemente der italienischen Hochrenaissance und Details des Barock und erreichte damit eine besonders opulente Plastizität. Die Seitenrisalite sind in der Art antiker Tempelfronten hervorgehoben. Der ganze Bau ist überreich mit bildkünstlerischen Schmuck dekoriert.« Man wollte sichtbar machen, dass die Leipziger Bank zu den führenden Kreditinstituten des Landes zählte und ließ die Bagger kommen.

Die Bank, die Banker und das Geld – Stoff, für den Romanautoren dankbar sind. So lässt Émile Zola seinen Bankdirektor in *Das Geld* (1890/91) euphorisch sagen: »Begreifen Sie doch, die Spekulation, das Börsenspiel ist das zentrale Räderwerk, das Herz eines so großen Geschäfts wie des unseren. Ja, das Herz, das das Blut mobilisiert, es überall in kleinen Bächlein aufnimmt, sammelt, in Strömen in alle Richtungen zurückfließen läßt und einen ungeheuren Geldumlauf bewirkt, der das Leben der großen Geschäfte ausmacht. Ohne Spekulation sind die großen Kapitalbewegungen und die daraus resultierenden großen zivilisatorischen Werke gar nicht denkbar … Das ist wie bei den Aktiengesellschaften, was hat man gegen sie gezetert und immer wieder behauptet, das seien Spielhöllen und Räuberhöhlen! In Wahrheit hätten wir ohne die Aktiengesellschaften weder Eisenbahnen noch irgendeins der anderen riesigen Unternehmen, die die Welt erneuert haben; denn ein Einzelvermögen hätte nicht ausgereicht, sie zu einem guten Ende zu führen, und ebensowenig wäre ein einzelner oder eine Gruppe von einzelnen Leuten willens gewesen, die Risiken auf sich zu nehmen. Die Risiken, darin liegt alles, auch die Größe des Ziels. Es bedarf eines großen Vorhabens, dessen Umfang die Phantasie fesselt; es bedarf der Aussicht auf einen beträchtlichen Gewinn, auf einen Lotterietreffer, der das Eigenkapital verzehnfacht, falls man es nicht einbüßt. Dann entzünden sich die Leidenschaften, das Leben strömt herbei, jeder bringt sein Geld, und Sie können die Erde neu formen. Wo sehen Sie darin ein Übel? Die Risiken werden freiwillig in Kauf genommen; auf unendlich viele Menschen verteilt, sind sie je nach Vermögen und Kühnheit eines jeden ungleich und begrenzt. Man verliert, doch man gewinnt auch, man hofft auf eine Glückszahl, aber man muß auch immer damit rechnen, eine Niete zu ziehen, und die Menschheit kennt keinen hartnäckigeren, keinen glühenderen Traum, als das Glück zu versuchen, von seiner Laune alle Wünsche erfüllt zu bekommen, König zu sein, Gott zu sein!«

Bankdirektor August Exner versuchte sein Glück und war für industrielle, auch andere Innovationen offen, gewährte Start-ups und Unternehmen Kredite, deren Produktion Gewinn erwarten ließen. 1896 sprach ein Herr Adolf Schmidt bei Exner vor, Geschäftsführer der Aktien-Anstalt für Trebertrocknung, Kassel, und bat um Unterstützung. Die AG für Trebertrocknung verwertete anfallende Bier- und Brennerei-Rückstände (den Treber, Trester oder Seih) zu Futtermitteln für die Landwirtschaft. Die dafür notwendigen Trockenapparate baute man in Kassel selbst. Ein gesundes Unternehmen mit solidem Geschäftsmodell: Anfänglich war sein Stammkapital mit 350.000 Mk. bescheiden, doch hatte man es alsbald auf 3.000.000 Mk. erhöht. Die Leipziger Bank gewährte sofort einen Blankokredit von 200.000 Mk., denn Adolf Schmidt hatte ein technologisches Patent erworben, das zu den kühnsten Hoffnungen berechtigten Anlass gab. Das *Bergmannsche Patent* zielte »auf eine Verwertung von Holzabfällen auf dem Wege der trockenen Destillation hin. Es sollte gegenüber dem alten Holzverkohlungsverfahren, das die besten Substanzen in dem Rauche des dampfenden Meilers davonziehen ließ, eine rationellere Ausnutzung ermöglichen und vor allem den Vorteil bieten, daß man nicht nur das teure Scheitholz zu Holzkohle und ihren Nebenprodukten verarbeiten konnte, sondern Abfälle aller Art, ja selbst Sägespäne noch auszunutzen waren.« Dieses *Geschäft auf die Zukunft* versprach nicht nur Herrn Schmidt, sondern allen Beteiligten enorme Kapitalerträge. »Auf Grund der in den Laboratorien angestellten Versuche war man in Kassel von der Rentabilität des neuen Verfahrens so überzeugt, daß man eiligst daran ging, eine ganze Legion pomphafter Fabriken nicht nur in Deutschland, sondern auch in den verschiedensten Orten des Auslandes zu errichten. Die kühnen Pläne des Kasseler Direktors zielten auf nichts Geringeres hin als auf die Monopolisierung des Marktes auf dem Gebiete der Holzdestillation; zunächst sollte eine solche für den Kontinent herbeigeführt werden, ein Welttrust für die Destillationsprodukte sollte die weitere Folge bilden.«

Die Kasseler Geschäftspartner konnten die Leipziger Banker sofort von sich und ihrem Produktionsplan überzeugen. Vielleicht trugen auch Exners Geburtsort Kassel und seine Heimatverbundenheit dazu bei. Jedenfalls setzten fortan auch die Banker Leipzigs »auf das *Bergmannsche Patent* die größten Erwartungen«. In Kassel derweilen hatte man »sich beeilt, den gehofften Gewinnen entsprechend, den Betrieb so bedeutend wie möglich zu erweitern und die Gesellschaft kapitalkräftig hinzustellen. Noch im Jahre 1896 verdoppelte man sofort das Aktienkapital, um bereits nach zwei weiteren Jahren die nunmehr auf 6 Millionen Mark angewachsene Summe durch Ausgabe neuer Aktien wiederum auf das Doppelte zu bringen. Als trotz dieses Wachstums die Mittel immer noch nicht genügend erschienen, um den Betrieb so einzurichten, daß auch kein Teil der erträumten Schätze ungehoben bleiben mußte, leistete die Leipziger Bank gern durch reichliche Kreditgewährung dem Treber-Unternehmen Vorspann. Und es war nicht nur die Hoffnung auf guten eigenen Verdienst hierbei für sie maßgeblich, sondern Adolf Schmidt war weitherzig genug, der Leipziger Bank für ihr durchaus nicht zaghaftes Entgegenkommen durch Gewährung von Provisionen zu danken.«

Geschäftig sah der Betrieb in Kassel aus. Die AG für Trebertrocknung entfaltete unter Direktor Adolf Schmidt zahlreiche Aktivitäten, die auf ein prosperierendes Unternehmen mit innovativer Technologie schließen ließen. Fast in jedem europäischen Staat eröffnete *Treber-Schmidt* Filialen, ließ Werkhallen errichten und versprach hier die alsbaldige Produktion von Holzkohle durch die Bergmannschen Holzdestillier-Maschinen. Doch noch war das unmöglich, denn die Laborbedingungen waren auf die Produktion bislang nicht zu übertragen. Sichtbar war den Geldgebern bislang nichts, was ihre Hoffnungen rechtfertigte, hörbar waren allenthalben Vertröstungen auf die rentablen Geschäfte in der Zukunft. Leise geäußerte Zweifel zerstreute *Treber-Schmidt* mit schönen Worten, Entschädigungen und Dividenden.

Und Direktor Schmidt zahlte gut. »So billigte er beispielsweise der Leipziger Bank für die Finanzierung der von ihm gegründeten Bosnischen Tochtergesellschaft die gewiß nicht geringe Entschädigung von 175.000 Gulden zu, obwohl die Leipziger Bank ein nennenswertes Risiko bei diesem Geschäft nicht auf sich zu nehmen hatte. Bei einem von der Trebertrocknung gemeinsam mit der Leipziger Bank geplanten Geschäfte, bei dem es galt, Rußland, Italien und Frankreich in den Kreis der geschäftlichen Unternehmungen einzubeziehen, betrug gar die für die Bank normierte Provision rund 1 Million Mark. Andere Banken wären vielleicht bei solcher ungewohnten Freigiebigkeit stutzig geworden, ebenso wie dem kühlen und unbefangenen Beurteiler die ungeheuren Dividenden der Kasseler Gesellschaft, 40 und sogar 50 Proz., Mißtrauen einflößen und der Ende 1896 auf 895 Proz. gestiegene Kurs der Treber-Aktien als *schwindelerregend hoch* erscheinen mußte.«

Auch Herrn Bankdirektor Exner beschlichen Ängste ob solcher Zahlen, er sah »sich veranlaßt, seinem Aufsichtsrate eine ausdrückliche Erklärung für die ungewöhnlich hohe Vergütung zu geben, die die Treber-Gesellschaft der Leipziger Bank für mehrere Transaktionen zugesichert hatte«. Das Protokoll der Aufsichtsratssitzung vom 31. Mai 1898 vermerkt: »Die hohen Provisionen, welche der Leipziger Bank seitens der Treber-Gesellschaft bei diesen und den nachstehenden Geschäften zugestanden worden sind, bilden nach ausdrücklicher Erklärung der gedachten Gesellschaft nicht nur ein Entgelt für die große Mühewaltung bei der Abwicklung und Durchführung dieser verwickelten Transaktionen, sondern auch einen Gegenwert für die seit langer Zeit der Gesellschaft in hervorragender Weise gewährte moralische Unterstützung.«

Vielleicht würde man es heute Vorteilsnahme, Korruption oder Bestechung nennen, die Herren im Aufsichtsrat der Leipziger Bank, sie nickten und nickten und nickten alle Kasseler Bitten und Geldforderungen ab, auch wenn mancher im Nachhinein bemerkte, dass »alles so unheimlich erschien, daß er am liebsten Kehrt gemacht hätte«. Keiner machte kehrt. Und es war Tatsache, »daß die Gewinne, so stolz sie sich auf dem Papiere ausnahmen, so unerwünscht doch auf dem Papiere stehenblieben. Anstatt daß die Treber-Gesellschaft zur, wenn auch nur teilweisen Abdeckung des bei der Leipziger Bank in Anspruch genommenen Kredits Baranschaffungen gemacht hätte, machten sich bei ihr immer und immer wieder Geldbedürfnisse geltend, zu deren Befriedigung die Bank stetig neue Barmittel nach Kassel senden mußte.« Was einfach hieß, *Treber-Schmidt* borgte im Namen seiner Gesellschaft weiter und zahlte nichts zurück. So betrugen die Kredite Ende 1896 2 ½ Millionen Mark. Im November 1897 waren sie bereits auf 8 – 9 Millionen angeschwollen.

Die Leipziger Bankverwaltung hatte tatsächlich zu diesem Zeitpunkt das Gefühl, dass sie in der Förderung der Treber-Interessen reichlich weit gegangen sei und beschloss, auf »weitere Neuunternehmungen nicht einzugehen«. Denn »was bis dahin in Kassel investiert worden war, wäre zwar zum Verluste für die Bank geworden, indessen von solcher Einbuße hätte sie sich erholen können, und die Folgen des begangenen Fehlers wären mit der Zeit überwunden worden. Indessen bereits einige Monate nach jenem denkwürdigen Beschlusse stürzte man sich frisch und froh wieder in das alte Fahrwasser hinein. Zwar wurde nur beschlossen, in *vorsichtiger Weise* mit Kassel weiterzuarbeiten; aber daß auch dieser löbliche Vorsatz lediglich auf dem Papier prangte, beweist das ungeheuer rasche Anwachsen des Treber-Obligos, das sich in runden Summen am Ende der einzelnen Quartale 1898 auf 10, 20, 27 und 28 Millionen Mark stellte.«

Mitnichten hatten sich Bankdirektion oder Mitglieder ihres Aufsichtsrates von der Rentabilität des Schmidtschen Unternehmens überzeugt, nein, Herr Adolf Schmidt hatte ein neues geldbringendes Verfahren präsentiert, das »nun als blendendes Lockbild dienen mußte. Das war die Idee, aus Holzkohle ohne Anwendung von Elektrizität Karbid herzustellen.« Diese Weltneuheit gab zu großen Gewinnhoffnungen Anlass, existierte jedoch erneut nur als »Wille und Vorstellung« in den Köpfen, gab aber zu neuem Kredit Anlass.

Und *Treber-Schmidt* tat alles, um die Herren von der Leipziger Bank von der Solidität seines Unternehmens zu überzeugen: Er rührte die Reklametrommel. Jeder unternommene Laborversuch wurde als Erfolg gemeldet. Auch wenn er gescheitert war. Die AG für Trebertrocknung baute bereits an mächtigen Fabriken, die das alles produzieren sollten. Allein in den Hallen drehte sich kein Rad. Luftschlösser allüberall. »Selbstverständlich hätte es der Leipziger Bank wenig Mühe gekostet, das verhängnisvolle System, nach dem der Treber-Direktor zu arbeiten pflegte, aufzudecken. Die Scheu, dabei einen trostloseren Einblick zu erhalten, als ihr lieb sein konnte, mochte sie davon abhalten, es zu tun. Das einzige, zu dem man sich aufraffte, war, daß die Leipziger Direktion in ihren immer häufiger nach Kassel gerichteten Klagebriefen über die fortwährenden Dispositionen dem Kasseler Direktor zu Gemüte führte, daß die Leipziger Bank doch nun schon so weit gegangen sei, wie sich wohl kaum ein anderes Institut mit einem einzigen Unternehmen engagiert hätte, daß die Leipziger Bank auch noch nie die Interessen eines Kunden so sehr vertreten habe, wie sie der Trebertrocknung gegenüber sich bereit gezeigt hätte.

Und daran wird bereits in einem Briefe vom Januar 1898 die Mahnung geknüpft, daß auch die Leipziger Bank eine Grenze beachten müsse, denn es dürfe doch nicht die eigene Liquidität der Bank gefährdet werden.«

Es wird im Kalkül des Unternehmers gelegen haben, »die so leicht zu ködernde Bank durch Anspannung des ihm nach und nach immer höher bewilligten Kredits derartig an sich zu fesseln, daß sie nachgerade auf alle Forderungen eingehen mußte, die er an sie zu stellen wagte. Und deshalb wurde seine Sprache in demselben Maße kühner und schroffer, je mehr er hätte eingedenk der drückenden Millionenlast, die er auf sich gehäuft, als bescheidener Schuldner den Wünschen der Leipziger Bank, fast seiner einzigen Gläubigerin, sich gefügig zeigen sollen. Schmidt wußte sehr wohl, daß die Leipziger Bank mit dem Wachsen ihrer Forderungen in immer größere Abhängigkeit von ihm geraten war. Die Bank hatte keine andere Wahl, als die Treber-Gesellschaft weiter zu unterstützen oder aber alle Kapitalien, die sie bisher nach Kassel geschickt hatte, als verloren zu betrachten.« Allein die Angst, alles zu verlieren, ließ weiteres Geld in Millionenhöhe fließen.

Umstritten war das Unternehmen der Trebertrocknung von Gründung an und deutschlandweit. Investoren hielten das *Bergmannsche Patent* für industriell nicht durchsetzbar. Und Adolf Schmidts gepriesene Experimente zeitigten bislang nicht einen hoffnungsvollen Fortschritt. Die traditionellen Holzverkohler zogen gegen Schmidts Verfahren und dessen Preisschleuderei ohnehin zu Felde, verlören sie ob der propagierten Technik Produktion und Produktionsgewinn. Auch bekundete die Berliner Börsenzulassungsstelle am Betriebsvorhaben starke Zweifel und ließ die Aktien des Kasseler Unternehmens für den Handel gar nicht zu. Der Argwohn gegen Schmidt und die Bilanzen seiner AG für Trebertrocknung wuchs. Über kurz blieb die Leipziger Bank alleiniger Gläubiger des Unternehmens. Ihre Lage gestaltete sich »seit dem Jahre 1898 immer trostloser. Die Rentabilität der zahlreichen Tochtergesellschaften Kassels, die ununterbrochen große Kapitalien verschlangen, war trotz aller Aufwendungen immer nur auf dem Papiere vorgerechnet, indessen in Wirklichkeit nie erreicht worden. Die Treber-Gesellschaft blieb zwar dennoch bei ihrer Gewohnheit, ihren Aktionären reichliche Gewinne zu spenden, allein die Leipziger Bank mußte erfahren, daß auch diese lediglich durch die Verrechnung schöner Zahlen auf dem Papiere erreicht worden waren.« Bankdirektor Exner und sein Vorstand vertrauten dennoch Adolf Schmidt, wollten dem *lieben Freund* nicht mehr als *buchmäßig* Arbeit machen und halfen bei der Buchhaltung. Exner schrieb an Bankvorstand und Aufsichtsrat: »Ich habe gestern und heute mit Schmidt seine verschiedenen Ideen, die Bilanz flüssig zu gestalten, durchgearbeitet und vorbehaltlich Ihres Einverständnisses Absprachen getroffen, die es ihm denklich ermöglichen, eine schöne Bilanz seiner Generalversammlung vorzulegen.« So wurden alle Schwierigkeiten erneut umschifft. Die Leipziger Bank, sie investierte also weiter und hielt die Verbuchungen streng geheim. Es »kann nicht erwünscht sein, Dritten Einblick in die ziffernmäßigen Engagements der Leipziger Bank zu gewähren«. So führte man in Leipzig doppelt Buch: Offiziell sprengten die Leipziger Treber-Kredite nie den Rahmen von zwölf Millionen, tatsächlich aber war die Bank bereits mit weit über zwanzig Millionen an der Trebertrocknung beteiligt.

Fortlaufend stellte die AG für Trebertrocknung weitere Forderungen, um ihr Geschäft am Laufen zu halten. Noch mehr der Millionen gab die Leipziger Bank nach Kassel. Am 15. Januar 1900 waren turnusmäßig die Geschäftsbilanzen fällig. Adolf Schmidt beschwor Exner und seine Bank: »Unter gar keinen Umständen darf ich in meiner Bilanz die hohe Bankschuld, die wir an Sie haben, ausweisen, da nicht nur unser Interesse, sondern auch Ihr Interesse damit aufs empfindlichste geschädigt würde. Wir müssen also versuchen, wie wir über diesen Punkt hinaus kommen, und zwar so hinaus kommen, daß man uns nicht den Vorwurf der Verschleierung macht.«

Doch dieser Straftatbestand war längst erfüllt, wenn auch nicht offensichtlich. Die Kreditnehmer der Trebertrocknung taten alles, um ihren Bankrott nicht zuzugeben. »Selbstverständlich dachten die verständigen Leiter der Leipziger Bank nicht daran, in ihrer Not etwa zu plumpen Lügen ihre Zuflucht zu nehmen. Stand doch dem Kundigen die Möglichkeit offen, die abzuschließenden Geschäfte in eine solche Form zu kleiden, ohne daß dabei die Tendenz des Geschäftes offenbar würde.« Die Banker gründeten ein zweites Konto, das in ihren Bilanzen nicht verzeichnet war und über das all die Transaktionen liefen. Doch der Trick schuf sowohl für die Beteiligten in Kassel als auch die in Leipzig keine wirtschaftliche Erleichterung. »Sie zielten ausnahmslos auf rein buchmäßige Effekte hin, und nur von diesem Standpunkt aus läßt sich überhaupt begreifen, wie die Bank sich zum Abschluß solcher Geschäfte verstehen konnte.«

Die verheimlichten Zahlen sahen ganz anders aus: »Die Gesamtsumme aller Verbindlichkeiten der Trebertrocknung, die auf den verschiedensten Konten gebucht waren, belief sich am 31. März 1900 auf 51 Millionen Mark gegen 47 Millionen im Vorquartale und 34 Millionen im Vorjahre.« Die einberufene Kredit-Kommission beschloss, »daß die Verbindung mit gedachter Gesellschaft zur Vermeidung von großer Schädigung der Bank nicht gebrochen werden dürfe, daß die Leipziger Bank vielmehr zur Vermeidung großer Verluste der Kasseler Gesellschaft auch für die Zukunft Kredit zur Verfügung stellen müsse.« Und weitere acht, neun, zehn Millionen wurden wieder auf dem Treber-Vorschusskonto überwiesen.

Und endlich hatten Leipziger Bankdirektoren ärgste Zweifel: »Es wurde jedoch von den Erschienenen einstimmig erklärt, daß die Aufrechterhaltung des Kredits für die Kasseler Gesellschaft nur dann stattfinden solle, wenn die Kasseler Gesellschaft die Einstellung eines von der Bank zu wählenden Vertrauensmannes gestattet, welchem es obliegt, die Geschäftsführung der Treber-Gesellschaft einer eingehenden Prüfung zu unterziehen und bis auf weiteres zu überwachen in dem Umfange, daß er in alle Schriftstücke und Geschäftsbücher, sowie geschäftlichen Vorkommnisse Einsicht zu nehmen berechtigt ist.«

Treber-Schmidt verbat sich solch Kontrolle vehement in einem Brief. Er hatte gut Argumentieren, denn »die Verluste der Bank waren bereits besiegelt, und der Zwang, der früher den Treber-Direktor den Wünschen seines Bankiers hätten gefügig machen müssen, bestand nicht mehr. Im richtigen Gefühle, daß er jetzt die Leipziger Bank seinerseits in der Hand habe, wies denn Schmidt auch die Zumutung, sich im eigenen Hause kontrollieren zu lassen, mit Entrüstung zurück.« Daraufhin verzichtete die Bank auf die Kontrolle.

Im selben Schreiben forderte Adolf Schmidt noch mehr von seinen Bankberatern und erklärte: »Wir schweben nach zwei Seiten in großen Gefahren. Die eine Seite ist die, daß über die großen Engagements, welche zwischen uns bestehen, etwas nach außen dringen könnte. Und 2) daß unser schon vollständig ruinierter Kredit und Ihr Verhalten gegenüber unseren notwendigen Dispositionen uns täglich in die Gefahr bringt, unsere Zahlungen einstellen zu müssen. Wir sind lediglich auf Sie angewiesen!« Schmidt drohte unverhohlen mit seinem Bankrott und dem Verluste aller Werte. Das ist Erpressung seitens des Gläubigers, und Schmidt spielte seine Karte gnadenlos. Die Geldgeber wollten/konnten ihre Investitionen nicht total abschreiben und gewährten weiter die Kredite. Längst haftete man in Kassel persönlich bei Ruin und daraus folgenden rechtlichen Konsequenzen. Doch spekulierten Leipzigs Banker mit den ihnen anvertrauten Geldern anderer, so waren diese *Geschäfte auf die*

Zukunft weniger belastend und juristische Verfolgung kaum zu fürchten. Die Skandale letzter Jahre sind zahlreich: Bankenrettung KfW und HSH, Sächsische Landesbank, LKW-Maut, Eurofighter, *Euro Hawk*, Elbphilharmonie, City-Tunnel Leipzig. Millionenverluste zu Lasten der deutschen Steuerzahler. Skandalös und umstritten ist der Bau des Berliner Flughafens BER. Dessen Eröffnung war für 2012 geplant und ist 2016 noch nicht abzusehen. Abgeordnete sind wütend: »Statt der geplanten zwei Milliarden Euro kostet der Hauptstadtflughafen inzwischen mehr als fünf Milliarden Euro. Geld, das Kitas, Schulen und Krankenhäusern in unserer Stadt fehlt. Die Flughafen-Anrainerinnen und -Anrainer warten bis heute auf den versprochenen Lärmschutz. Und ein solider Zeit- und Kostenplan ist nicht in Sicht. Stattdessen steht der BER heute wegen Intransparenz und Korruption in der Kritik.« Der immense Schaden für Berlin ist eng mit dem Aufsichtsrat und seinen Chefs verbunden, die »in der Verantwortung für das Missmanagement, die mangelnde Kontrolle und die Kostenexplosion« stehen. Allein die Hoffnung, dass der Flugbetrieb eines Tages doch beginnen möge, lässt am Baue weiter werkeln.

Herr Adolf Schmidt erklärte 1900 seinen Bankern: »Wie die Sache insgesamt heute liegt, ist die gute Durchführung der ganzen Unternehmungen nur dann mit Sicherheit möglich, wenn Sie meine Geschäfte weiter unterstützen und so weit, wie es nötig ist, auch diejenigen Mittel beschaffen, welche zur Durchführung der größten Sparsamkeit unvermeidlich sind. Ich stehe auf dem Standpunkt, daß Ihre Interessen und diejenigen meiner Gesellschaft durch die enormen Engagements, in welche wir gegenseitig durch die Verhältnisse geraten sind, ganz identisch sind. Die großen Summen, welche Sie, sei es bei unserer Gesellschaft, sei es bei unseren Tochterunternehmungen investiert haben, sind nichts wert, wenn wir nicht die verschiedensten Unternehmungen rentabel gestalten.« Dreist forderte *Treber-Schmidt* erneut Geld und bat um dessen schnelle Überweisung, denn »nachdem die obigen Buchungen durchgeführt sind, wären unsere Bücher derartig rein, daß wir sie einer jeden fremden Person vorlegen können, was uns heute mit Rücksicht auf die zwischen uns bestehenden großen Engagements unmöglich ist. Ich denke nun, daß es mir gelingt, wenn ich den Nachweis führe, daß unsere Werke vorwärts kommen und gut rentieren, und gleichzeitig meine Bücher zur Einsicht zur Verfügung stellen kann, von anderen Banken Kredit zu erhalten.«

Die Argumentationen gleichen sich bei jedem Finanzbetrüger in Vergangenheit und Gegenwart. »Ich weiß recht wohl, wie schwer es Ihnen bei den großen Engagements, die Sie schon haben, fallen wird, noch weitere Kredite meiner Gesellschaft zu gewähren, und ich wende mich auch erst jetzt an Sie mit diesem Verlangen, nachdem ich gesehen habe, daß es zur Zeit unmöglich ist, von anderer Seite das nötige Geld beschaffen zu können. Die Frage ist heute, können die nötigen Beträge in obigen Umfang noch geschafft werden, so ist alles gesichert, ist das nicht möglich, so können wir nicht weiter arbeiten.« Friss, Vogel, oder stirb!

»Wollte die Leipziger Bank ihr Geschäftsjahr 1900 gut abschließen und dabei die bisher beobachteten Grundsätze weiter zur Geltung bringen, so mußte sie bedenklichere Mittel anwenden, als sie bisher zur Hand gehabt hatte. Es zeigte sich eben, daß alle früher ergriffenen Maßnahmen eine Überspannung nicht vertrugen.« Wollte die Bank nicht in die Pleite rutschen, musste sie gesetzeswidrig handeln, und sie tat es. Das Haus besaß zu viel an Treber-Aktien, so gründete man *Zwischengebilde*, Scheinfirmen, denen nominell die Werte nun gehörten; auf diese Weise verschwanden »die großen Summen der heute nicht realisierbaren Forderungen aus den Büchern«. Auch übernahmen die Mitglieder des Kasseler Aufsichtsrates privat Verbindlichkeiten und tauchten unter den Geschäftskunden der Bank nicht mehr auf. Die AG für Trebertrocknung stand nunmehr als

Gläubiger und nicht mehr als Schuldner in den Büchern. In Eile wurden Gelder hin- und hergeschoben. Ein Wirrwarr von 40 Konten führte das Schmidtsche Unternehmen mit seinen 20 Tochtergesellschaften beim Leipziger Bankhaus. »Aber die Bank ging noch weiter in der Ignorierung aller kaufmännischen und rechtlichen Gepflogenheiten. Nachdem ihr jene Forderungen abgetreten worden waren, hätte sie selbstverständlich die Pflicht gehabt, die Drittschuldner von der Zession in Kenntnis zu setzen.« Das tat sie nicht, so wussten manche Firmen und Personen nicht, dass sie qua Aktienverschiebung hoch verschuldet waren und vor ihrer Pleite standen. Wohl schrieb man in Leipzig Briefe, doch gab sie niemals in die Post. In den Bilanzen waren die Blaupausen abgeheftet. Die Transaktionen, Schuldverschreibungen und Tilgungen waren kaum, größtenteils gar nicht nachvollziehbar. Und das Direktorium bewilligte weitere Gelder, die nach Kassel hinüberflossen. Mittlerweile beliefen sich der Trebertrocknungs-Außenstände allein bei der Leipziger Bank auf 70 Millionen Reichsmark. Adolf Schmidt erklärt nochmals seiner Bank, dass »jeder Schein vermieden werden muß, welcher auf eine Verschleierung hindeuten würde«. Er forderte das Geldinstitut auf, bewusst gegen die Gesetze zu verstoßen. Auch das ist bei Banken gar nicht selten, wie gegenwärtige Ermittlungen und widerspruchslos geleistete Strafzahlungen beweisen.

Es fällt der Leipziger Bankdirektion am Abschluss des Geschäftsjahres 1900 sehr schwer, eine für die Prüfer akzeptable Bilanz vorzulegen. »Die ganze Müheverwaltung der Leipziger und Kasseler Direktion wäre umsonst gewesen, wenn sie in ihren Geschäftsberichten auch nur mit einem Worte die prekäre Lage angedeutet hätten, die die Zahlen der Bilanz schlechterdings nicht ahnen ließen.« Einfach der Trick, Guthaben im alten Jahre anzurechnen und die Verluste im neuen zu verbuchen. Und bereits betrug das Leipziger Treber-Engagement 81 Millionen Reichsmark. Davon stand im

Berichte kein Wort. Im Gegenteil pries man das Unternehmen und »erweckte die günstigsten Vorstellungen von der Lage der Gesellschaft«. Und der Jahresabschlussbericht war so »allgemein abgefaßt, und so wenig gab er Auskunft über das Verhältnis der Bank zur Treber-Gesellschaft, über das ihn letzter Zeit so viel geschrieben und gesprochen worden war, daß Direktion und Aufsichtsrat der Bank es für geboten hielten, zu dem Berichte noch ein besonderes Exposé auszuarbeiten, um durch dessen Verlesung den mit Sicherheit in der Generalversammlung erwarteten Interpellationen zuvorzukommen und dadurch vielleicht weitere unbequeme Fragen von vornherein abzuschneiden.« Schlicht: Man verschwieg. Man log. Und wie erhofft, verlief die Generalversammlung ohne Störung und peinliche Zwischenfragen. Herr Adolf Schmidt war beruhigt, und die Bank, sie zahlte weiter.

Allerdings verfestigten sich Gerüchte, dass die Leipziger Bank finanziell nicht mehr sicher war. Die *Frankfurter Zeitung* schrieb, dass Forderungen der Bank an die Trebertrocknung 25 Millionen betrügen. Im Leipziger Hause tat man wider bessres Wissen überrascht: Wie konnte jemand am geschönten Geschäftsbericht so zweifeln? Zum anderen barg es wirtschaftliche Risiken, dass nun Investoren an die drohende Zahlungsunfähigkeit der AG für Trebertrocknung glaubten. Der Kurs *Leipziger-Bank-Aktien* kannte nicht mehr nur den Weg nach oben, stagnierte und begann zu schwanken. Das löste im Kreditinstitut Diskussionen und hektisches Gebaren aus, denn die Gerüchte mehrten sich, dass »ihre eigene Leistungsfähigkeit beeinträchtigt und geschädigt und das beeinflußte das Ansehen der Bank ungünstig«. Die Leipziger Bank kam selbst in Geldnot und hatte Schwierigkeiten, welches von andern Banken zu beschaffen. Gern hätte sie Teile ihres Bestandes an Treber-Aktien auf dem Markt veräußert, doch diese waren schlichtweg unverkäuflich.

»Der Kasseler Direktor empfand die Geldnot der Bank, die sich immer mehr fühlbar machte, aufs peinlichste. Er fragte, ärgerlich darüber, daß die Bank jetzt immer an sich nur denke, an, ob denn die Kredite, die er beschafft habe oder die er bemüht sei zu beschaffen, lediglich dazu dienen sollten, die Bank zu entlasten, und spricht unverhohlen aus, daß dann sein Ruin besiegelt sei und für die Leipziger Bank selbst die Gefahr drohe.« Adolf Schmidt schreibt an Bankdirektor Exner: »Für Ihre Bank ist der Bestand meiner Gesellschaft und die gute Durchführung der Geschäfte derselben zu einer Lebensfrage geworden, und Sie dürfen sich nicht verhehlen, daß der Ruin meiner Gesellschaft unabsehbare Folgen nach sich ziehen würde.«

Offensichtlich reagierten die Leipziger Banker nicht im Sinne Adolf Schmidts. Der wurde panisch und war wütend, sah, dass die Pleite seiner Trebertrocknung wohl nicht mehr aufzuhalten war. »Wir erachten jede Korrespondenz für zwecklos, solange nicht eine Verständigung darüber herbeigeführt ist, daß Sie uns überhaupt ermöglichen, den Betrieb weiterzuführen. Durch ihre Maßnahmen werden wir gezwungen, unseren Betrieb einzustellen.« Depeschen wurden ausgetauscht, doch änderte sich die finanzielle Lage beider Partner nicht. Die offizielle Post wich der persönlichen. Schmidt an Exner: »Ich erhielt heute Ihre gestrigen Privatzeilen, die mir den ganzen Tag über keine Ruhe gelassen haben. – Es handelt sich darum, ob und wie lange Sie durchkommen können, wenn meine Gesellschaft keine Geldanforderungen an Sie stellt. Die Angst, welche mir Ihre heutigen Zeilen verursacht haben, läßt mir keine Ruhe zur Arbeit. --- Alle diese Arbeiten haben keinen Zweck, wenn wir, wie Sie schreiben, jeden Tag eine Katastrophe befürchten müssen.« Die Katastrophe jedoch war nicht mehr aufzuhalten.

Doch kam sie unerwartet und aus anderen Gründen. Im Juni 1901 war die Dresdner AG Elektrizitätswerke (vorm.

Kummer & Co.) zahlungsunfähig und riss die Kreditanstalt für Industrie und Handel in der Landeshauptstadt in den finanziellen Abgrund. Man beschloss deren Liquidation. In Folge dieser Bankenpleite fielen Aktienkurse und versiegte der Fluss gegenseitiger Kreditgewährung. Die Leipziger Bank geriet in den Strudel. Um laufende Verpflichtungen einzuhalten, versuchten die Direktoren hektisch, anderswo Kredite aufzunehmen. Man reiste eilig (zur Deutschen Bank) nach Berlin und kehrte erfolglos heim. Und doch ließ der Bankenvorstand seine Panik keinen merken. »Von den 100 Mitarbeitern der Leipziger Zentrale ziehen nur 4 aus diesen Dienstreisen die richtigen Schlüsse und heben ihre Guthaben von den Konten ab, retten auf diese Weise ihr Privatvermögen.« Doch verheimlichen konnte die Geschäftsleitung ihre Liquiditätsprobleme nun nicht länger.

Am 25. Juni 1901 sahen sich die Verantwortlichen gezwungen, mit einem Kommuniqué alle nachteiligen Gerüchte zu entkräften. »Nachdem durch den jüngst erfolgten Zusammenbruch der Kreditanstalt für Industrie und Handel in Dresden sich die Verhältnisse des Diskontmarktes schwierig gestaltet und die Großdiskonteure die Hereinnahme unserer Wechsel in seitherigem Umfange verweigert haben, so sehen wir uns zu unserem größten Leidwesen in die Notwendigkeit versetzt, im Interesse unserer Gläubiger zeitweilig unsere Zahlungen einzustellen. Wir geben die Erklärung, daß wir bei sachgemäßer Abwicklung unserer Geschäfte nicht nur jeden Verlust für unsere Gläubiger als ausgeschlossen ansehen, sondern auch ein günstiges Ergebnis für unsere Aktionäre glauben erwarten zu dürfen.«

Man wollte beschwichtigen und löste die Katastrophe damit endgültig aus. Unsicherheit und Zweifel sind aus diesen Worten deutlich herauszuhören. Die Sätze bestätigen, dass der reibungslose Ablauf der Geschäfte nicht mehr gewährleistet war. Zahlungsunfähigkeit drohte. Der Aktienfall an einer Börse: »Während der letzten halben Stunde kam es zum Zusammenbruch, eine wilde Flucht, in der die gehetzte Menge durcheinanderstob. Auf das äußerste Vertrauen, die blinde Begeisterung folgte die Reaktion der Furcht, alle stürzten herbei, um zu verkaufen, falls noch Zeit dafür war. Ein Hagel an Verkaufsorders ging auf das Parkett nieder, man sah nur noch Auftragszettel regnen; und die Aktienpakete, die auf diese Weise ohne Umsicht abgestoßen wurden, beschleunigten die Baisse und führten zu einem Börsenkrach. Die Kurse fielen sprunghaft auf tausendfünfhundert, tausendzweihundert, neunhundert zurück. Es gab keine Käufer mehr, das Schlachtfeld war dem Erdboden gleichgemacht, mit Leichen übersät. Über dem düsteren Gewimmel der Gehröcke glichen die Kursschreiber den Kanzlisten des Todes, die die Sterbefälle registrierten. Unter der sonderbaren Wirkung des unheilbringenden Sturmes, der durch den Saal fuhr, war die Bewegung darin erstarrt, das Getöse erstorben wie in der Bestürzung über eine große Katastrophe. Es herrschte eine erschreckende Stille, als nach dem Schlußglockenschlag der letzte Kurs von achtunddreißig bekannt wurde. Und der Regen trommelte unentwegt auf das Glasdach, das nur noch ein trübes Dämmerlicht durchsickern ließ. Die tropfenden Regenschirme und die stampfende Menschenmenge hatten den Saal in eine Kloake verwandelt; auf dem schlammigen Boden, der an einen verwahrlosten Pferdestall erinnerte, lag allerlei zerrissenes Papier herum, während auf dem Parkett das Farbengemisch der grünen, roten, blauen Auftragszettel leuchtete, die mit vollen Händen weggeworfen worden waren, so reichlich an diesem Tag, daß der große Papierkorb sie nicht mehr faßte.«

In Leipzig schrieb ein Journalist: »Nachdem wie ein Blitz aus heiterem Himmel jene Schreckenskunde die Stadt durchlaufen hatte, sammelten sich gar bald an dem Tore des Bankgebäudes (in der Klostergasse) Gruppen leidenschaftlich erregter Menschen, die wußten, daß ihre Existenz abhing von dem Schicksal, das ihre der Bank anvertrauten Spargelder gefunden hatten. Es war die Verzweiflung Ertrinkender, die nach dem Strohhalm greifen, die sich in ihren Mienen, in ihrem Auftreten offenbarte. Rettung war ausgeschlossen. Bereits am nächsten Tage wurde das Konkursverfahren über die Leipziger Bank vom Gericht eröffnet.« Andre Leipziger Banken gerieten dadurch in Misskredit, Anleger bestürmten auch die Filialen von der Leipziger Hypothekenbank, der Leipziger Kreditbank, der Kredit- und Sparbank Leipzig und der Allgemeinen Deutschen Kredit-Anstalt. Die Institute versuchten eilig zu erklären, dass sie mit der ruinierten Leipziger Bank in keinerlei Verbindung stünden oder wenn, »doch nur in so geringem Maße, daß ihre Solidität keinesfalls in Frage stehen würde«. Man veröffentlichte Statistiken und Zahlen, die die Wahrheit der Aussagen beweisen sollten. »Alle Großbanken haben ihren Kredit der Leipziger Bank verweigert. Wenn daher eine mittlere Bank sich weit über ihre finanziellen Kräfte hinaus einem solchen Unternehmen verpflichtete und nun daran zugrunde geht, so ist dieser Fall höchstens symptomatisch für die Lage mittlerer Bankinstitute mit waghalsigen Draufgängern in der Direktion, aber keineswegs für die Lage des deutschen Bankgeschäfts überhaupt.«

Trotzdem waren die Leipziger und die Leipziger Presse konsterniert: »Schlag auf Schlag folgen sich die Phasen in dem alle Kreise Leipzigs und die gesamte deutsche Handels- und Bankenwelt aufs Tiefste erschütternden Zusammenbruch der Leipziger Bank. Gestern Nachmittag 5 Uhr wurde der Concurs angemeldet. Man erfuhr dabei einen Status, der auf den ersten Blick lange nicht so schlimm erschien, wie man erwartet hatte, und sich doch bei näherer Prüfung als traurig und hoffnungslos erweist. Denn wenn da den mit 92 Millionen bezifferten Passiven 159 ½ Millionen Active gegenübergestellt werden, so ist das weiter nichts als ein Ausfluß des beklagenswerthen Optimismus, von dem der geistige Urheber des Status stets getragen wurde und den er, sich und vielen anderen zum Verderben, bis zuletzt nicht aufgeben mochte, befinden sich doch unter den 159 ½ Millionen angeblichen Activen zugestandenermaßen mindestens 80 Millionen Treber-Engangements, deren Werth zur Zeit gar nicht festzustellen ist, so daß die für die Actionäre herausgerechneten 67 Millionen unter ungünstigen Umständen eine Illusion darstellen, und unter den denkbar günstigsten, wenn nämlich bloß die Hälfte des Treber-Engagements, also ungefähr 40 Millionen verloren gehen, immer noch auf 27 Millionen zusammenschrumpfen. Diese Thatsachen sind furchtbar niederschmetternd für alle Diejenigen, die es, wie wir selbst, für unmöglich gehalten haben, daß in einem Institute von dem tadellosen Rufe unserer alten Leipziger Bank die *Pflichten eines ordentlichen Kaufmanns* im Sinne des Handelsgesetzbuches so gröblich verletzt werden konnten. Aber eine umso größere Genugthuung dürfte die schwer beleidigte öffentliche Meinung aus der jüngsten Phase in dem entsetzlichen Schicksal der Bank schöpfen aus der gestern Abend erfolgten Verhaftung des Directors Exner. Ob mit Recht oder Unrecht, auf ihn weisen alle Finger, gegen ihn vor allen ist die ungeheure Entrüstung gerichtet, die alle Gemüther erfüllt. Man wird es dem berufenen Richter überlassen müssen, hier ein giltiges Urtheil zu fällen, aber man hat jetzt sicherlich das Gefühl, daß nichts versäumt wird, um dem Gesetze Geltung zu verschaffen. Und dabei wird man sich vorerst bescheiden können.«

Das schnelle Handeln der Polizei war augenscheinlich von Nöten, denn Bankdirektor Exner saß in seiner pompösen Villa in der Probstheidaer Straße bereits auf gepackten Koffern. »Geld besaß er zur Genüge: Er hatte rasch die Einlagen seiner Frau bei der Leipziger Bank nach England transferiert, erst 70.000, dann 40.000, schließlich 80.000 Mark. Den Angestellten wie seiner Frau versuchte er weiszumachen, in London sei das Geld steuerfrei, was er merkwürdiger Weise bisher nie bedacht. In letzter Minute hatte er auch Schmuck im Wert von 10.000 Mark aus der Depositenkammer der Bank entnehmen und nach England schmuggeln können.«

Der Polizei in Kassel entging *Treber-Schmidt,* seine Wohnung fand sie verlassen vor. Gerüchte behaupteten seinen Selbstmord, doch war der Bankrotteur geflohen. »Der Ausreißer soll nach amtlicher Ermittlung am 27. Juni 1901 von Grebenstein bei Kassel abgereist sein. Wie erzählt wird, wäre er dort nachts gegen 3 Uhr angelangt und habe den betreffenden Aufsichtsbeamten ersucht, ihm den Wartesaal zu öffnen, er habe einen Zug versäumt und müsse nun hier auf den nächsten Zug warten, um Anschluß zu haben. Seiner Bitte sei willfahrt worden, und so wäre er denn mit dem Sechsuhrzug in einem Coupé erster Klasse abgefahren. Uebrigens hält sich das Gerücht, daß Schmidt in ausländischen Banken größere Summen in Sicherheit gebracht und zu seiner Verfügung habe.« Adolf Schmidt besaß eine Fahrkarte nach Düsseldorf und floh wohl über Holland weiter nach Paris, wo er am 14. Februar 1902 verhaftet werden konnte. Seine Schulden bezifferte man mit 200 Millionen Mark. Im nachfolgenden Prozess betrug seine Strafe: 2 Jahre 8 Monate Gefängnis.

In Leipzig mehrten sich die Hiobsbotschaften, denn bald darauf wurde »in dem Konkursverfahren eine Feststellung getroffen, die alle Hoffnungen zertrümmern mußte, die etwa noch auf den Fortbestand der Bank gerichtet gewesen waren in der Annahme, daß doch vielleicht nur ein zufälliges Zusammentreffen ungünstiger Momente eine vorübergehende Stockung herbeigeführt hätte. Es wurde bekannt, daß der stolze Bau der Leipziger Bank bis auf die Grundfesten morsch geworden, und daß der Zusammenbruch der Dresdner Kreditanstalt für Industrie und Handel lediglich die äußere Veranlassung war für den Fall der Leipziger Bank. Die geringste Erschütterung auf dem Diskontmarkt mußte sich fortpflanzen auf dem Boden, der die Leipziger Bank trug. Nimmermehr hätte sie den fest gegründeten Bau in Trümmer legen können, wenn nicht schon Jahr und Tag zuvor der Grund für den Ruin gelegt worden wäre. Und dieser Grund lag in der Verbindung der Leipziger Bank mit der Aktiengesellschaft für Trebertrocknung zu Kassel. Die ungeheure Summe von 90 Millionen Mark stellte sich als der Betrag heraus, den die Leipziger Bank aufgewendet hatte, um die Illusionen jenes *Treber-Schmidt* durchzuführen, der sich später als geriebenes Verbrechergenie offenbarte und in der Geschichte der kapitalistischen Wirtschaft wohl wenige seinesgleichen finden wird, die es so meisterhaft wie er verstanden haben, ein bankerottes Unternehmen so lange über Wasser zu halten und dabei auch noch so viele zu engagieren, die ihm bei diesem heiklen Unterfangen hilfreiche Hand boten. Der dem Falle der Leipziger Bank schnell nachfolgende Konkurs der Treber-Gesellschaft zeitigte auch gegen die Kasseler Verwaltungsorgane ein Strafverfahren. Darin wurde festgestellt, daß die Treber-Gesellschaft mindestens seit dem Jahre 1896 bereits Pleite gewesen war. Von demselben Jahre datierte die Verbindung der Leipziger Bank mit der Kasseler Gesellschaft.«

Aufmerksamkeit der Öffentlichkeit wandten sich »in tiefstem Mitleid vor allem den beklagenswerten Opfern zu, die die so jäh hereingebrochene Katastrophe in ungezählten Tausenden gefordert hatte. Nicht genug, daß für viele die Einbuße, die sie erlitten, so hoch war, daß sie über Nacht zu Bettlern geworden waren und nun, aller Mittel entblößt, ein neues Leben beginnen mußten, um den nötigen Lebensunterhalt zu gewinnen; es häuften sich allmählich Nachrichten von dem Schicksal solcher, die glaubten, von dem Schlage sich überhaupt nicht wieder erholen zu können, und daher den Versuch von vornherein aufgaben, dem Verlorenem wieder beizukommen. Es gingen wenig Wochen ins Land, als man bereits den achten Selbstmord zählte, den der Sturz der Leipziger Bank gezeitigt hatte.«

20 Millionen private Spargelder Verlust folgten diesem

Schwarzen Dienstag und schrieben Geschichten. »Man erinnert sich, daß der Schlossergeselle Liebernickel aus Naunhof einer Leipziger Marktfrau die Summe von 100.000 Mk. gestohlen und das Geld im Walde vergraben hatte. Es wurde auch wieder aufgefunden und der Frau zurückgegeben. Durch Schaden klug geworden, wollte sie es diesmal sicherer aufbewahren, als im Kommodenkasten, und sie trug es vertrauensvoll auf die – Leipziger Bank. Dort sind nun diese 100.000 Mk. mit anderen Hunderttausenden und Millionen in das große Chaos der Konkursmasse gewandert.«

Wenige der Geprellten nahmen Pleite und Verluste mit Humor: »Wohl dem, der nischte thut besitzen, / braucht vor Angst jetzt nicht zu schwitzen, / daß ihm macht der große Krach / etwas schwach im Geldschrankfach.« Und parteiische Kräfte wussten sofort um die gesellschaftliche Brisanz des Vorgangs: »Der Zusammenbruch wird für unsere Stadt und das Land Folgen haben, die sich bisher nur ahnen lassen, jedenfalls aber zur Folge haben werden, daß Tausende von kleinen Existenzen zu Grunde gehen. Der Krach ist eine Folge der der bürgerlichen Produktionsweise eigenen Spekulationswut, welche die Sozialdemokratie durch die Einführung einer neuen höheren Wirtschaftsordnung ersetzen will. Deshalb kann man über die wirtschaftlichen Zusammenhänge nur aus der *Leipziger Volkszeitung* erfahren.«

Vereine gerieten an den finanziellen Abgrund. Die jüdische Gemeinde verlor 200.000 Mark. Der Gustav-Adolf-Verein der evangelischen Kirche löste sich auf. Das Diakonissenkrankenhaus, die evangelisch-lutherische Mission und der CVJM gerieten in finanzielle Schwierigkeiten. »Wie ein Blitz aus heiterem Himmel kam am Sonnabend nachmittag per Draht aus Leipzig die Nachricht von der Verwaltung der alten berühmten Zitherfabrik Gruner in Johanngeorgenstadt, daß die Arbeiter um 6 Uhr zu entlassen seien, da die Fabrik 3 Uhr nachmittags in Konkurs gegangen sei. Dadurch sind 50 Familienväter und 16 ledige Personen augenblicklich brotlos geworden. Der Zusammenbruch der sonst gut fundierten Firma Gruner hängt mit dem Krach der Leipziger Bank eng zusammen, da die Firma mit letzterer in Verbindung stand. Die Frau des Herrn Gruner soll ihr ganzes, ziemlich hohes Vermögen bei der verkrachten Bank einbüßen.« Auch die Brandiser Thonwarenindustrie AG, die Zwenkauer Dampfbrauerei, die Wurzener Dampfmühlengesellschaft meldeten Konkurs aus selbigem Grunde an.

Andrerseits wurden Dementis geschrieben. So bemerkte Hans Blum: »Die jüngst in der *Thüringer Tribüne* gebrachte, mich betreffende Notiz ist durchaus unwahr. Ich habe keinerlei Verluste beim Leipziger Bankenkrach erlitten, da ich niemals Aktionär, Gläubiger oder Schuldner der Leipziger Bank war. Ich bin und war auch immer genug völlig gesund, nie geisteskrank und nie in einer Heilanstalt für Geisteskranke.«

Andre umnachten tatsächlich. »Der hier (in Bad Sooden an der Werra) zur Kur weilende Paul Lehmann aus Leipzig, der bei dem Leipziger Bankenkrach 70.000 Mk. verloren haben soll, ist infolge dieses Verlustes irrsinnig geworden. L. machte mehreremal den Versuch, seine Frau und seine Kinder zu ermorden. Am Montag legte er sich auf die Eisenbahnschienen und konnte nur mit Mühe vor einem daherbrausenden Zuge gerettet werden. Danach brachte der unglückliche Mann sich gräßliche Wunden bei. Nach Anlegen eines Notverbandes schaffte man ihn in die Irrenanstalt zu Göttingen.«

Der Leipziger Aktionärsverein eröffnete ein Sonderbüro im Städtischen Kaufhaus, wo vier Stunden täglich Aktien und Deputatscheine der Leipziger Bank hinterlegt werden konnten. Nur war deren Wert gleich Null. *Leipziger Bank 1,50* betitelte in der Monatszeitschrift *Bibliothek der Unterhaltung und des Wissens* Johannes Stavi seine Erzählung. Das Amtsgericht machte Meldung, »daß der auf den 22. Juli, vormittags um 10 Uhr, anberaumte Termin im großen Saale des Zoologischen Gartens abgehalten werden wird. Er beginnt pünktlich vormittags 10 Uhr. Zur Entgegennahme der Anmeldungen wird die im Hauptgebäude der des Zoologischen Gartens eingerichtete Gerichtsschreiberei von vormittags 8 Uhr ab geöffnet sein. Die zum Termine Erscheinenden haben sich als Gläubiger auszuweisen. Diejenigen, die eine Mehrheit an Gläubigern vertreten, wollen zur Vermeidung von Verzögerungen ihre Vollmachten und sonstigen Legitimationspapiere unter Beifügung einer Liste der von ihnen Vertretenen spätestens am 19. Juli dem Königlichen Amtsgerichte Leipzig, Johannisgasse 5, einreichen.« 1.200 Gläubiger kamen. Die nächste Versammlung verlegte man ob dieses Andrangs in den größten Saale des Krystallpalasts. Der Skandal machte von sich Reden und uferte in alle Richtungen aus.

In der sofort abgehaltenen »Plenarsitzung des Rates der Stadt Leipzig gab Oberbürgermeister Dr. Tröndlin der tiefschmerzlichen Erregung Ausdruck, in die unsere Stadt durch den so plötzlich gekommenen, völlig unerwarteten Zusammenbruch der Leipziger Bank versetzt worden sei. Welche Folgen das traurige Ereignis haben werde und wie weit sie sich erstrecken, lasse sich zur Zeit noch nicht übersehen, nur das eine stehe fest, daß unsere Stadt seit langer Zeit nicht so ein großes Unglück betroffen habe. Gerade in solcher Zeit aber sei es Aufgabe der Stadtvertretung, die Fassung zu bewahren und mit allen Kräften dahin zu wirken, daß das erschütterte Vertrauen nicht noch mehr schwinde. Leipzig habe schon vieles Schwere überwunden, möge es sich auch von diesem Schlage bald erholen.«

So empfand es die Leipziger Stadtverwaltung »als moralische Pflicht«, betroffenen Leipzigern zu helfen und reichte Darlehen in Höhe von 1 Million Mark mit 4 Prozent Verzinsung aus, um entstandene Engpässe zu mildern. Die Summe stockte sie alsbald auf 3 Millionen auf. Allein der Betrag, er sollte nicht reichen. »Die Ausgaben der Lokalzeitungen boten wochenlang das gleiche erschreckende Bild:

Unter den Wirtschaftsnachrichten rangierten Konkurseröffnungen kleiner Firmen vorn, unter Polizeinachrichten Selbstmordfälle. Auch Männer, deren Existenz keineswegs auf dem Spiel stand, die aber mit ihrem Teil Verantwortung für das Geschehen nicht ins reine kamen, sahen als einzigen Ausweg Suizid: Das Mitglied des Aufsichtsrates Schäffer erschoß sich in seiner Wohnung, Rechtsanwalt Dr. Barth, der Verwalter der Konkursmasse, brachte sich während eines Jagdausflugs im Connewitzer Holz ums Leben.«

Nicht nur der Direktor der Bank, August Heinrich Exner, auch sein Stellvertreter Dr. Albert Gentzsch saß in Haft. Ein Prozess wegen Insolvenzverschleppung und Betrug wurde angestrengt. Die Gerichte vertrauten zu damaliger Zeit zwölf Geschworenen, die zur Urteilsfindung beitrugen. Diese Personen wurden per Zufall unter den *Steuerzahlern* der Stadt gesucht, »also ein Grundbesitzer, Fabrikant, Kaufmann, Handwerker, alles Angehörige der Oberschicht. Begüterte Bürger mußten ein Urteil über ihresgleichen fällen. Die Linkspresse prophezeite dem Gericht, es werde sich in Leipzig kein Geschworener finden, der nicht von Rachegelüsten gegenüber Exner & Co. erfüllt sei. Die Staatsanwaltschaft bot erwartungsgemäß Geschworene auf, die durch den Bankkrach ihr Vermögen verloren hatten. Die Verteidigung lehnte sie ab und wartete ihrerseits mit Geschworenen aus der Peripherie auf, die nun wiederum von der Staatsanwaltschaft zurückgewiesen wurden. Als beide Seiten ihr Einspruchsrecht voll in Anspruch genommen hatten, einigte man sich auf sechs Geschworene aus der Umgebung und sechs aus Leipzig.« Diese Prozedur dauerte monatelang.

Ein Jahr nach dem *Schwarzen Dienstag*, am 15. Juli 1902, begann der Leipziger Bankprozess »unter Vorsitz von Landesgerichtsdirektor Dr. Müller und wuchs zu einer gewaltigen Redeschlacht aus, so daß 32 Verhandlungstage verstrichen, bevor es zur Urteilsverkündung kam. Der Hauptsprecher des vierköpfigen Verteidigerkollegiums brauchte für sein Plädoyer viereinhalb Stunden – und verdiente letzten Endes Lob dafür, daß er sich *so kurz* gefaßt hatte. Den Rekord im Dauerreden stellte Staatsanwalt Dr. Weber auf: Er bekam das Wort zu seinem Plädoyer um 9 Uhr morgens, und um 15 Uhr, als die Sitzung wie üblich geschlossen wurde, hatte er noch immer kein Ende gefunden, so daß er seine Ausführungen am nächsten Verhandlungstag fortsetzen« durfte. Die einst ihre Bank lobende Presse fühlte »kein Mitleid« mit den Angeklagten Exner, begrüßte es dafür mit Freuden, »daß der Staatsanwalt mit Strenge, aber mit Gerechtigkeit die verbrecherische Tätigkeit dieses pflichtvergessenen Mannes« rhetorisch gewandt entlarvte. Die Geschworenen benötigten fast sechs Stunden, ehe sie sich auf einen Spruch einigen konnten. Und sie wurden nochmals in ihr Beratungszimmer zurückgeschickt, da eine der an sie gestellten Fragen nicht das vorgeschriebene Stimmenverhältnis aufwies. Die Verhandlung zog sich hin, und sie wurde von einer geneigten Öffentlichkeit in allen Details begutachtet und diskutiert.

»Am 24. Juli 1902 sprach das Schwurgericht sein *Schuldig* über die Leiter der Leipziger Bank im Sinne der Anklage und des dem Hauptverfahren zugrunde gelegten gerichtlichen Eröffnungsbeschlusses. Entsprechend dem schweren Verbrechen des betrügerischen Bankerutts, dessen die Direktoren gleichzeitig mit der Verschleierung für überführt erachtet wurden, mußten die Angeklagten eine harte Strafe treffen. Für Exner, dem mildernde Umstände versagt wurden, lautete das Urteil auf 5 Jahre Zuchthaus und 5jährigen Verlust der bürgerlichen Ehrenrechte. Eine bei weitem geringere Ahndung konnte Gentzsch auferlegt werden, da ihm entgegen dem Antrage des Staatsanwalts die mildernden Umstände nicht abgesprochen worden waren. Der Gerichtshof erkannte gegen ihn auf eine Gefängnisstrafe von 3 Jahren. 7 Monate der erlittenen Untersuchungshaft werden jedem der Verurteilten auf seine Strafe angerechnet.«

Der Urteilsspruch erschien weiten Teilen der Bevölkerung als mild. Zumal als Gutachter »ausgerechnet Direktor Herrmann von der Deutschen Bank als Sprecher der so wichtigen drei Banksachverständigen auftrat, denn wenn jemand vom Zusammenbruch der Leipziger Bank profitiert hatte, dann war es die Deutsche Bank. Bereits einen Tag nach dem Zusammenbruch der Leipziger Bank errichtete sie, neben dem Neubau des Konkurrenten am Martin-Luther-Ring, eine Filiale, bereit, die Leipziger Bank samt ihrem halbfertigen Bankhaus zu übernehmen. Im Prozeß trat Herrmann zurückhaltend auf. Die Deutsche Bank hatte, was sie wollte: Die Konkurrenz lag am Boden; man konnte nachsichtig mit ihr verfahren.«

Während Vizedirektor Albert Gentzsch »sich dem Urteile alsbald unterwarf und seine Strafe antrat, legte Exner Revision gegen das Erkenntnis ein. Infolgedessen hatte sich auch das Reichsgericht mit der Sache zu befassen, zwar mit dem materiellen Inhalt der Anklage nicht, sondern lediglich mit der formellen Seite des gegen Exner geführten Gerichtsverfahrens. Zu der Hauptfrage konnte das Gericht also keine Stellung nehmen, zu der, die im Prozeß den Hauptgegenstand des Streites gebildet hatte, ob nämlich betrügerischer Bankerutt vorlag oder nicht. Vielmehr mußte sich das Reichsgericht darauf beschränken, nachzuprüfen, ob die prozessuale Behandlung der Sache seitens des Gerichts allenthalben dem Gesetz entsprechend erfolgt sei. Mehrere Mängel des Verfahrens waren von der Verteidigung behauptet worden. Ein einziger wurde als begründet angesehen. Der Wortlaut des Sitzungsprotokolls, der allein maßgeblich ist für die Frage, ob die Form in jeder Hinsicht beobachtet worden war, mußte die Meinung aufkommen lassen, daß der Vorsitzende des Gerichts die Geschworenen nicht zutreffend belehrt habe, als sie zur Berichtigung ihres Spruchs nochmal ins Beratungszimmer zurückgeschickt wurden, da sie bei einer Frage das Stimmverhältnis nicht, wie vorgeschrieben, angegeben hatten. Das Protokoll ließ nicht erkennen, daß hierbei die Geschworenen darauf hingewiesen worden waren, daß sie bei neuer Beratung zu der treffenden Frage auf den sachlichen Inhalt ihrer früher gegebenen Antwort nicht gebunden, also in der Lage seien, einen neuen Spruch zu fällen. Aufgrund dieses Mangels hob das Reichsgericht am 4. Oktober 1902 das erste Urteil gegen Exner auf und verwies die Sache zur nochmaligen Verhandlung an die Vorinstanz zurück.

Daß der rein formelle Standpunkt, von dem aus das Reichsgericht zu seiner Entscheidung gelangt war, vielfach, insbesondere auch von juristischer Seite, nicht geteilt wurde, hängt vor allem damit zusammen, daß man sich, wohl nicht mit Unrecht, sagte, keiner der früheren Geschworenen würde den Spruch auch nur in dem geringsten Punkte geändert haben, wenn er auch noch so oft darauf hingewiesen worden wäre, daß er in dem Berichtigungsverfahren an den alten Wahlspruch nicht gebunden sei. Hatten sie doch die Antwort auf die ihnen vorgelegten Schuldfragen gefunden lediglich durch die Würdigung der Verhandlungsergebnisse und Beachtung der rechtlichen Gesichtspunkte, die ihnen die Rechtsbelehrung des Vorsitzenden gegeben hatte. Wie hätte sie der zufällige Umstand, daß dem geschriebenen Spruch ein äußerer Mangel anhaftete und Abhilfe heischte, bestimmen können, die soeben erst gewonnene Überzeugung über Bord zu werfen und den sachlichen Inhalt ihres ersten Spruchs, ohne daß sie irgendwie nochmals mit der Verhandlungsmaterie befaßt worden wären, plötzlich umzuändern?« Staatsanwalt Dr. Weber war erbost, schien ihm doch das Verfahren gesetzesgerecht verlaufen, das Urteil Exners Schuld auch angemessen. Die Bevölkerung, vor allem die Betroffenen, diskutierten das ganz anders.

»Dem reichsgerichtlichen Urteile folgte ein neues Strafverfahren, das diesmal gegen Exner allein geführt wurde. Eine neugebildete Geschworenenbank wurde mit der alten

Sache neu befaßt. Die Verhandlungsergebnisse waren in der Hauptsache die gleichen wie früher, wie denn auch die wiederum zugezogenen Sachverständigen von ihren früheren Gutachten auch nur im geringsten abzugehen keine Veranlassung fanden.

Am 10. März 1903 wurde das neue Urteil gegen Exner verkündet. Der ehemalige Bankdirektor wurde wegen Verschleierung und versuchten Betrugs zu 2 Jahren 6 Monaten Gefängnis verurteilt sowie zu 20.000 Mark Geldstrafe, an deren Stelle im Falle der Uneinbringlichkeit ein weiteres Jahr Gefängnis treten sollte. 1 Jahr 3 Monate der Gefängnisstrafe wurden als durch die Untersuchungshaft verbüßt erachtet. Bezüglich des Verbrechens des betrügerischen Bankerutts hatten die neuen Geschworenen die Schuldfrage verneint.

Die tiefgehende Mißstimmung über diesen Richterspruch äußerte sich auch darin, daß der Staatsanwaltschaft in mehrfachen Schreiben die Erwartung ausgesprochen wurde, sie werde gegen das neue Urteil Rechtsmittel einlegen. Dieser Zumutung lag der Irrtum zugrunde, als könnte die Überzeugung von der materiellen Unrichtigkeit des zweiten Schwurgerichtserkenntnisses bereits die Revision gegen das Urteil rechtfertigen. Mochte die Staatsanwaltschaft, wie sie ja die Anklage allenthalben aufrechterhalten hatte, den zweiten Geschworenenspruch gegen Exner nicht für zutreffend erachten, eine Handhabe diesen Spruch anzugreifen war ihr deshalb noch nicht geboten. Eine Revision war dieses Mal nicht möglich, denn die Voraussetzungen, unter denen allein die Staatsanwaltschaft freisprechende Urteile der Schwurgerichte mit Revision anfechten kann, lagen nicht vor. Und deshalb mußte das zweite Urteil gegen Exner rechtskräftig werden.«

Die Anleger fühlten sich durch diesen Urteilsspruch durch rechtliche Spitzfindigkeiten betrogen. Sie hatten ihre finanziellen Werte der Bank in gutem Glauben anvertraut und alles verloren. Keine Rettungsschirme und Einlagensicherungen bewahrten Teile ihrer Sparguthaben. Der Hauptverantwortliche schien in ihren Augen mit zu geringer Strafe dafür haften zu müssen. Man hatte Wut, schwor Rache.

Auch heute wird über die *Justiz für Reiche* heftig diskutiert. Eine Fernsehtalkshow nahm zum Thema: »Reichen-Rabatt und diskrete Deals – wie gerecht ist die Justiz?« Die Kritik schrieb: »Manchmal fühlte man sich gestern Abend an jene alten Zeiten erinnert als der Begriff der Klassenjustiz noch in aller Munde war. Die Oberschicht, so der Vorwurf, genießt im Rechtssystem ungerechtfertigte Privilegien wegen ihrer sozialen Stellung. Das kam schon im Titel zum Ausdruck. In der Öffentlichkeit wird dieser *Rabatt* zumeist an einigen spektakulären Fällen festgemacht. Etwa des Formel-1 Alleinherrschers Bernie Ecclestone, dessen Verfahren wegen Bestechung gegen die Zahlung von 75 Millionen Euro eingestellt worden ist. Von Klassenjustiz könnte man unter zwei Voraussetzungen sprechen. Ecclestone genoss vom Gericht eine Vorzugsbehandlung, die anderen Angeklagten nicht gewährt worden wäre. Und er konnte sich über das Mittel der Geldauflage von einer Haftstrafe freikaufen.« Ob Steuerbetrug oder Briefkastenfirmen, ob Bonizahlungen oder horrende Managergehälter – Gerechtigkeits- und Neiddebatten sind unserer Gesellschaft immanent und liegen in der menschlichen Natur.

Exners Stellvertreter Dr. Albert Gentzsch hatte zunächst auf eine Berufung verzichtet und »blieb des betrügerischen Bankerutts schuldig. Annehmbar wäre auch dieses Verdikt in das Gegenteil umgewandelt worden, wenn von Gentzsch ebenfalls Revision eingelegt und in der zweiten Verhandlung seine Straftaten dem Forum derselben Geschworenen zur Aburteilung überwiesen worden wären, die über Exner das zweite Mal zu befinden hatten.« Optimistisch bat er nun um Revision. Die Wiederaufnahme in Sachen Dr. Gentzsch scheiterte jedoch an Formalitäten: Er und seine Anwälte hatten die Einspruchsfrist versäumt. »Durch einen Gnadenakt des sächsischen Königs wurde Dr Gentzsch nach 1 Jahr und 4 Monaten Haft am 23. März 1904 mit wenig Aufheben aus der Strafanstalt Leipzig in die Freiheit entlassen.«

Das Urteil über die Bankdirektoren war gefällt. Neben den Direktoren hatten die Mitglieder des Aufsichtsrates auf der Anklagebank gesessen. Das war der eigentliche Skandal. Denn »die Pflichten des Aufsichtsrates sind in dem Handelsgesetzbuche auf das genaueste umschrieben worden, so heißt es in § 246: ›Der Aufsichtsrat hat die Geschäftsführung der Gesellschaft in allen Zweigen der Verwaltung zu überwachen und sich zu dem Zwecke von dem Gange der Angelegenheiten der Gesellschaft zu unterrichten. Er kann jeder Zeit über diese Angelegenheiten Berichterstattung verlangen und selbst oder durch einzelne von ihm zu bestimmende Mitglieder die Bücher und Schriften einzusehen.‹ Daß die Mitglieder des Aufsichtsrates der Leipziger Bank diesen Bestimmungen gemäß gehandelt haben, dürfte wohl niemand behaupten; sie haben von dem großen Engagement bei der Treber-Trocknungsgesellschaft auch nicht die geringste Ahnung gehabt. Im § 249 des Handelsgesetzbuches heißt es: ›Die Mitglieder des Aufsichtsrates haben bei der Erfüllung ihrer Obliegenheiten die Sorgfalt eines ordentlichen Geschäftsmannes anzuwenden. Mitglieder, die Obliegenheiten verletzen, haften der Gesellschaft mit den Vorstandsmitgliedern als Gesamtschuldner für den daraus entstehenden Schaden.‹ Die Mitglieder des Aufsichtsrates der Leipziger Bank gehören zu den reichsten Persönlichkeiten Leipzigs. Es ist daher nicht bloß angebracht, sondern unvermeidlich und absolut notwendig, daß man gegen sie in der schärfsten Weise vorginge und sie wegen ihrer Pflichtverletzung auch mit ihrem Vermögen zur Rechenschaft zöge.« Mit der stattlichen Provision von 1 Million Mark wurde ein Posten im Aufsichtsrat vergütet. »Bislang haben die Mitglieder weiter nichts gethan, als ihre Tantiemen zu beziehen. Und ein Unfug ist es geradezu, daß einer Person dutzende von Aufsichtsratsstellen übertragen werden.« Und man fragte sich, »ob die Mitglieder des Aufsichtsrates als Ehrenmänner zu betrachten sind, d.h. ob es ehrenhaft ist, für die Beaufsichtigung, die man nicht leistet, Geld einzustecken, darüber gehen die Meinungen zwischen den verschiedenen Gesellschaftsklassen zu sehr auseinander, als daß auch nur eine Diskussion darüber möglich wäre«.

Besonders in der Diskussion und unter Druck stand der Aufsichtsratsvorsitzende Ludwig Heinrich Dodel, österreichischer Generalkonsul, Stadtrat in Leipzig und Chef der weltbekannten Rauchwarenhandlung Gaudig & Blum. § 314 des Handelsgesetzbuches bedrohte Pflichtwidrigkeiten des Gesellschaftsleiters durch unrichtige Darstellungen. Dodel galt zunächst als flüchtig, befand sich aber auf hoher See, weil er von einer Amerika-Reise zurückkehrte. Nach erster Vernehmung wurde der Haftbefehl gegen ihn richterlich bestätigt. »Damit dürfte es mit der Eigenschaft des Herrn Dodel als Stadtrat nun zu Ende sein.« Es war zu Ende, auch vom Posten des österreichischen Honorarkonsuls ward er entbunden. Gegen eine Kaution von 250.000 Mark kam Ludwig Heinrich Dodel bis zum Prozessbeginn auf freien Fuß, die Mutter hinterlegte das Geld in Staatspapieren, nicht in Aktien bei Gericht.

Weitere Mitglieder im Bankaufsichtsrat zu Leipzig waren neben Dodel u.a. »Ludwig Schröder, Kaufmann; Friedrich Alexander Mayer, Kammerrat, Stadtrat, Mitinhaber des Bankhauses Frege & Co; Wilhelm Wölker, Kaufmann und rumänischer Generalkonsul in Leipzig; Dr. Otto Fiebinger, Exdirektor der Leipziger Bank; Friedrich Alfred Voerster, Teilhaber der Leipziger Verlage F. Volckmar und C. Amelang sowie der Piererschen Hofbuchdruckerei; Julius Wilkens, Kaufmann. Die Mitglieder des Aufsichtsrates machten sich den bestehenden Haß gegen Exner zunutze. Sie waren allesamt von Exner betrogen worden, hatten nichts gesehen und nichts gehört, hatten nur die Tantiemen eingesteckt.

Ausgerechnet Mayer, der selbst eine Bank leitete, führte aus: ›Der hohe Kurswert der Bankaktien habe doch bewiesen, daß niemand Mißtrauen gegenüber der Leipziger Bank hatte. Weshalb sollten gerade wir mißtrauisch sein?‹«

Alle Aufsichtsräte der Leipziger Bank hatten ein abgeschlossenes Hochschulstudium, waren Juristen, Ökonomen, Banker, alle seit vielen Jahren Mitglieder des Gremiums. Ihr Privatvermögen schätzte man auf 40 Millionen Mark. »Sie wußten natürlich genau, wie man es anstellen muß, um den Aktienkurs und den Schein strenger Solidität bis kurz vor dem Zusammenbruch aufrecht zu erhalten«, meinte der Staatsanwalt. »In die Enge getrieben erklärten die Angeklagten, die Leitung des eigenen Unternehmens habe ihnen keine Zeit gelassen, sich um den Aufsichtsrat zu kümmern. Damit waren Sinn und Zweck des Aufsichtsrates in Frage gestellt, ein Thema, das vom Gericht nicht weiter erörtert wurde. Auf der Zuschauertribüne fragte sich jeder: Wozu gibt es Aufsichtsräte? Warum werden ihnen Tantiemen gezahlt?« Die Presse titelte: »Was nützen uns Aufsichtsräte, wenn sie keine Aufsicht ausüben? Wir brauchen härtere Gesetze.« Sätze, die auch heute auf Internet- und Zeitungsseiten stehen.

Bereits damals gab man der Hoffnung Ausdruck, »daß sich der Wunsch erfüllen möge und für immer erfüllt bleiben soll, der allgemein empfunden wurde, als das Strafgericht über die Organe der Leipziger Bank zum Abschluß gekommen war, und jenes Verlangen nach gesetzgeberischen Reformen durch seine Erfüllung gegenstandslos machen würde: mag solches Verschulden sich nicht wiederholen, wie es führte zu der Katastrophe des Leipziger Bank-Bruchs, und die Beurteilung eines Prozeßstoffes uns ewig erspart bleiben, wie er sich bot im Leipziger Bank-Prozeß.«

Aber auch um 1900 bemerkte man: »Leider sind gesetzliche Bestimmungen allein nur ein sehr schwaches Mittel, den Uebeltätern, durch die die jüngsten Katastrophen hervorgerufen worden sind, abzuhelfen. Die einzige Bürgschaft für eine ehrliche und solide Leitung eines kaufmännischen Unternehmens ist die Gewissenhaftigkeit und die Pflichttreue der leitenden Persönlichkeiten. Wo diese fehlt, da kann auch das Gesetz nicht helfen, denn wer es umgehen will, erfindet um so raffiniertere Schliche, je strenger das Gesetz ist.«

PS: Die Eisenbahn fährt seit 7. April 1839 auf der Strecke Leipzig–Dresden, trotz Bankenpleite und anderer Widrigkeiten, regelmäßig. Manchmal mit Verspätung.

Das Scheckheft des Handelns

Wohnwagen mit engen Grenzen

»Der Wohnwagen besteht aus einem hölzernen Aufbaugerüst, das an den Innen- und Außenseiten mit Sprelacart beplankt ist. Die Außenseiten bestehen aus je vier Platten, die Vorder- und Rückseite aus jeweils zwei Platten. Die Zwischenräume des Aufbaugerüstes sind zwischen den Platten zur Wärme- und Kältedämmung mit Polystyrol verfüllt. Die Radkästen bestehen vollständig aus Aluminiumblech. Im Innenraum des Wagens befinden sich zwei Sitzgruppen, die zum Schlafen umgebaut werden können. Die Größe der Sitzgruppen variiert nach Modell. Der Tisch dient dabei als Mitteleinlage zwischen den Sitzbänken. Auch befindet sich eine kleine Küche mit Gaskocher-Spül-Kombination und je nach Modellausstattung einem Kühlschrank sowie Oberschränken gegenüber der Eingangstür. Auf der gegenüberliegenden Seite der Küche ist ein Kleiderschrank eingebaut. Einige Modellvarianten besitzen eine Gasheizung des Typs Solar 3000 unterhalb des Kleiderschrankes. Die Sitztruhen können als Staufächer genutzt werden. Zusätzlicher Stauraum findet sich in weiteren Oberschränken. Die gesamte Inneneinrichtung ist zur Gewichtsreduzierung aus Sprelacart mit Wabeneinlage gefertigt. Der Fußboden besteht aus Sperrholz. Für den Export wurden Kunststoffscheiben und ein ausstellbares Bugfenster eingeführt. Auch wurde die Hecksitzgruppe als Rundsitzversion durch eine Hubtischvariante ergänzt. Der Wohnwagen verfügt über eine mit einem Umformer geregelte 12-V-Stromversorgung sowie eine 230-V-Anlage. Die Deckenpendelleuchte wurde nach

Weiterentwicklungen durch eine normale Deckenleuchte ersetzt. Auf der Deichsel befindet sich ein Gasflaschenkasten für zwei Flaschen mit je 5 kg Inhalt, der je nach Modell aus Blech oder glasfaserverstärktem Kunststoff besteht.«

Wohnwagen verkörpern Unabhängigkeit und Ferne, Reisen, fremde Länder und Natur. In der begrenzten DDR waren sie Statussymbol und ein Traum von Freiheit, und sie waren sehr schwer erkäuflich. »Ich seh' so gerne in die Ferne, mit meinem Doppelglas, ich seh' so gerne in die Ferne, das macht mir so'n Spaß«, sang Tamara Danz mit Silly. Die Typen der Campinganhänger aus sozialistischer Produktion sind heute Legende: Dübener Ei, Bastei, QEK und QEK Junior, Intercamp, Faltmeister, Klappfix oder Rhön Universal. »Die Ferne ist, wo ich nicht bin, ich komm' und komm' und komm' nicht hin.«

Ralf Dierhagen ist ein Wohnwagen Sehnsucht und Notwendigkeit. »Ich habe diesen Campinganhänger nicht von unrechtmäßig erworbenem Geld gekauft. Der Hauptgrund des Kaufs lag in der starken körperlichen Behinderung meiner Tochter. Ihr fehlten von Geburt an fast alle Finger an beiden Händen sowie ein Fuß völlig. An normalen Kinderferienlagern kann sie nicht teilnehmen. Sie kann auch keine längeren Fußmärsche durchführen. Durch den Campingwagen war ich in der Lage, ihr sehr sorgenfreie Urlaubstage zu bieten. Vom Mai 1981 an war geplant, den Campingwagen während des Sommerhalbjahres alljährlich in einer Gemeinde in der Dahlener Heide aufzustellen. Dort hätte meine Tochter, da sie es sehr schwer hat, im normalen Leben mitzuhalten, unbeschwerte Wochenenden verleben können. Diesen Plan würde ich dann gern nach Verbüßung meiner Haftstrafe verwirklichen. Durch die finanzielle Belastung der Schadensrückzahlung kann ich mir dann sicher keine Urlaubsreisen leisten, so daß ich diesen Campingwagen dann auch im Urlaub dort nutzen könnte. Ich habe ein sehr enges Verhältnis zu meiner Tochter, und sie hat es jetzt ohne Vati sicher viel schwerer. Bitte erfüllen Sie mir diesen Wunsch! Meiner Tochter hat dieser Hänger sehr viel bedeutet, und sie hat sich schon immer lange vorher auf solche Tage gefreut. Auch meine Freundin hat viele Stunden in die Ausstattung des Hängers investiert.«

Die Familie des Ralf Dierhagen zog in den 1950er Jahren fort von Sitzenroda, idyllisch im Grün der Dahlener Heide zwischen Oschatz und Torgau gelegen. Sie nahmen Wohnsitz in der Metropole Leipzig. Sehnsucht nach Wald und Ruhe haben Eltern und Geschwister weiterhin, denn im anerkannten Naherholungsgebiet will Ralf Dierhagen seinen Campingwagen für die Tochter dauerhaft aufstellen.

Ralf wurde am 28. September 1946 in Sitzenroda geboren und lernte das Landleben kennen. Er ist das zweite von vier Kindern. Seine große Schwester verstarb als Kleinkind in den Nachkriegshungerjahren. Perspektive bot die Waldidylle keinem in der Familie. 1970 arbeitet die Mutter als Küchenhilfe in Leipzig, und auch die Geschwister haben in der großen Stadt Ehepartner, Beruf und Kinder. Im Leipziger Osten, im selben Haus, 7024 Leipzig, Dimpfelstraße 1, wohnen Ralf mit seiner Tochter und seine Eltern sowie die Familie seiner Schwester. Der Familienverbund, er funktioniert, die Dierhagens stehen füreinander ein.

Zu Selbstbewusstsein und eigner Meinung hat man die Kinder erzogen. Ungern gesehene Kontakte in den Westen hat man auch. Verwandtschaft väterlicherseits wohnt jenseits der deutsch-deutschen Grenze in der BRD. Kritische Diskussionen in der Familie finden statt. Trotzdem durchleben die Geschwister problemlos die Erziehung an der Polytechnischen Oberschule. Rein äußerlich man steht zur *Heimat DDR*. Doch haben die Dierhagens profunde Zweifel am gesellschaftlichen Fortschritt. Sie haben sich eingerichtet, leben am Rande der sozialistischen Gemeinschaft. Unauffällig.

»Nach Abschluß der Polytechnischen Oberschule mit der 10. Klasse erlernte der Angeklagte Ralf Dierhagen den Beruf eines Betriebsschlossers im VEB PCK Otto Grotewohl in Böhlen, bis zur Ableistung seines Grundwehrdienstes in einer VP-Bereitschaft in Leipzig von Mai 1966 bis Oktober 1967 war er in seinem erlernten Beruf im genannten Betrieb beschäftigt. Nach dem Wehrdienst arbeitete er bei der Firma Elektrotechnische Fabrik Dux KG. 1969 nahm er ein Direktstudium an der Ingenieurhochschule für Gießereitechnik in Leipzig auf, welches er bereits 1970 aus finanziellen Gründen abbrach. Er war danach kurze Zeit als Werkzeugmacher bei der Firma Grüneberger tätig, und ab 1970 bis zu seiner Inhaftierung war er Werkzeugfräser im jetzigen Modell-Konstrukt Leipzig, Bt III in 7035 Leipzig, Georg-Schwarz-Straße 34. Seine fachliche Arbeit erledigte er in diesem Betrieb zuverlässig. Er ist im Arbeitskollektiv kameradschaftlich und hilfsbereit aufgetreten, wird jedoch als Einzelgänger eingeschätzt. Sein monatliches Durchschnittseinkommen belief sich auf ca. 800,- M. Er ist in erster Ehe geschieden, und ihm wurde das alleinige Erziehungsrecht für die aus dieser Ehe stammende körperbehinderte Tochter Michaela übertragen. Von der Kindsmutter erhielt er 65,- M Unterhalt. Gegenwärtig befindet sich das Kind in der Familie der Kindsmutter. Gesellschaftlichen Organisationen gehörte er seit seinem Austritt aus dem FDGB nicht mehr an. Der Angeklagte ist nicht vorbestraft.«

Unauffällig bleibt zunächst das Leben der Dierhagens. Das Passfoto zeigt Ralf als einen jungen Mann mit dunklen, kurzgeschnittenen Haaren, der den Blick in die Kamera verweigert. Dunkler Pullover, darunter ein Rolli. Gut rasiert, kräftige Brauen. Dierhagens Wohnung präsentiert sich im 1970er-Jahre-Chic der DDR, großgemusterter geknüpfter Wandteppich, Sofagarnitur.

Zu Diskrepanzen mit dem Staate kommt es, als Ralfs jüngerer Bruder Arndt verhaftet wird. Der kritisierte heftig die sozialistische Partei und Führung. Wegen staatsfeindlicher Hetze muss er in den Knast.«Er wurde damals nach seiner Strafverbüßung in die BRD abgeschoben. Entlassen haben sie ihn nach Duisburg. Der genaue Grund seiner verbüßten Strafe ist mir nicht bekannt. Eins weiß ich allerdings, daß er in der Zeit seiner Wehrdienstleitung schon einmal eine Freiheitsstrafe verbüßen mußte. Über meinen Bruder hinaus hat mein Vater noch drei Brüder in der BRD wohnen.« Und Ralf Dierhagen leugnet nicht, dass er sich »mit seinem westdeutschen Bruder in Polen, Görlitz und Szczecin« getroffen hat. »Diesen Treffs gingen jeweils Briefsendungen von meinem Bruder voraus, wo er mir mitteilte, daß er sich in der VR Polen befindet. In jeweiliger Briefsendung ließ er mich immer wissen, wo er Quartier bezogen hat. Vom Hörensagen weiß ich, daß eine gewisse Quartiervermittlung in diesen Fällen über meine Eltern gegangen ist. Genaueres darüber weiß ich nicht.« Die Familienbande halten über Mauer und Grenze hinweg. Man sieht sich, und man will sich häufiger sehen. Ralf Dierhagen hat für sich und seine Tochter bei den DDR-Staatsorganen um eine Entlassung aus der Staatsbürgerschaft der DDR gebeten, diese wurde abgelehnt.

Ralf Dierhagen sagt: »Ich habe meine Arbeit immer gemacht. Disziplinarmaßnahmen gab es nicht. Pünktlich war ich auch. 1974 wurde die Ehe geschieden. Das Erziehungsrecht bekam ich. Meine Frau hat jetzt meine Tochter. Vielleicht könnte sie bei meinen Eltern bleiben.« Die haben den Alleinstehenden bei Michaelas Betreuung unterstützt, zu ihnen hat Michaela Vertrauen und Kontakt. Der Vater sorgt sich. »Meine Tochter ist an Händen und Füßen verkrüppelt, ich musste viel zum Arzt. Sie kann mit orthopädischen Schuhen laufen. Sie geht in die Normalschule. Sie hat keine Finger. Ich habe Flug- und Schiffsmaterial gebaut, war oft angeln. Ich war oft in der Dahlener Heide. Zu Gaststätten bin ich nicht gegangen, ich rauche nicht.« Jetzt steht der liebende Vater vor Gericht.

»1973 bin ich eingebrochen in einen Pkw, finanziell ging es mir schlecht. Das Autoradio habe ich versucht auszubauen. Tankgutscheine habe ich gefunden und mitgenommen. Nachdem ich meine erste Diebstahlshandlung durchführte, stand fest, daß bereits zu dieser Zeit meine Ehe nicht mehr einwandfrei ging. Meine geschiedene Frau konnte mit dem Geld nicht umgehen, so daß wir nie mit meinem Verdienst auskamen. Ich konnte mir somit nichts leisten, zumindest nicht meinem Hobby nachgehen. So kam es dann zur ersten Straftat und da diese nicht herauskam, versuchte ich es immer wieder. Obwohl meine Ehe 1974 geschieden wurde, kam es bei mir doch immer wieder zu einzelnen Straftaten, ohne daß diese ein derartiges Ausmaß annahmen wie diese Betrugsgeschichte. Ich bin noch 5mal eingebrochen.«

Der Tankdiebstahl kann Ralf Dierhagen nachgewiesen werden, falsche Nummernschilder hat er dafür am Auto angebracht. Als ihm vor seiner Motorradgarage einmal der Schlüssel fehlt, hat er sich einen Dietrich zurechtgebogen. Als Feinmechaniker kein Problem. Den Dietrich nutzt Ralf Dierhagen nun für gelegentliche Diebstähle aus in Seitenstraßen geparkten Autos. Kleinigkeiten habe er entwendet. Kleinigkeiten.

»Etwa im August 1977, ich war arbeitsunfähig geschrieben. An diesem genannten Tag befand ich mich ohne besonderen Grund mit meinem damals im Besitz befindlichen Pkw Trabant 500 ccm, Grundfarbe weiß mit rotem Dach, Limousine, in der Gegend des Auensees. Der von mir bezeichnete Wartburg 311 stand auf der Straße abgestellt, und ich konnte sehen, daß eine ältere männliche Peron, im Alter von ca. 60 Jahren, irgend etwas aus diesem Pkw holte und sich in das Gelände des Auensees begab. Ich möchte sagen, daß ich aus einer gewissen Neugier heraus mich zu diesem Pkw begab und feststellte, daß dieser nicht verschlossen war. In der Seitentasche der Türen fand ich den oben bezeichneten

Personalausweis. Ohne eine bestimmte Absicht zu dieser Zeit nahm ich den Personalausweis an mich. Ich räume die Möglichkeit ein, aus diesem Pkw noch einen Kanister voll Benzin sowie einen Luftdruckmesser mit weggenommen zu haben.«

Den Vorgang muss Ralf Dierhagen später präzisieren. Der Wartburg ist abgeschlossen gewesen und nicht offen, wie behauptet. »Ich entschloß mich, in dieses Fahrzeug gewaltsam einzudringen. Ich bin hin und schloß es mit dem Dietrich auf. Der Kanister war im Kofferraum. Den Persi steckte ich ein. Einige Zeit später kam mir die Idee mit dem Konto. Ich hatte bei meinen Eltern noch Schulden. Ich besaß den Ausweis, ich wollte ihn wegwerfen. Da kam mir die Idee. Ich habe selbst ein Girokonto. Ich wußte, daß es einfach ist mit dem Eröffnen. Ich wollte die finanziellen Probleme lösen. Vielleicht habe ich mal davon gelesen.«

Der gestohlene Ausweis mit der Nr. XIII 0715906 gehörte Theodor Wilhelm Ambros, geboren am 12. Februar 1897, wh. Böhlitz-Ehrenberg. Weder Alter noch Passfoto passten zu Ralf Dierhagen. »Ich habe das Geburtsjahr mit dem Messer radiert und nachgezeichnet. Das Paßbild löste ich raus, heftete meins rein. Das hatte ich noch. Ich mußte eins nehmen, das älter ist. Das letzte Paßbild ließ ich vor 10 Jahren machen. Die Ausweisnummer weiß ich nicht mehr. Mit einem scharfen Messer, schwarzer Tinte und Federhalter veränderte ich das Geburtsdatum vom 12.2.1897 auf 12.2.1947 und die Personenkennzahl entsprechend.«

Nach eigenen Angaben testete Ralf Dierhagen den falschen Ausweis nicht. »Ich bin einfach in die 1. Zweigstelle rein und sagte, daß ich ein Giro-Konto eröffnen will, zahlte eine Geldsumme ein. Unter Vorlage des so verfälschten Personalausweises eröffnete ich bei der Stadt- und Kreissparkasse in Leipzig 4 Konten. Ich verfügte bereits vorher über ein eigenes, auf meinen Namen laufendes Spargirokonto, so daß mir die Gepflogenheiten bei der Eröffnung und Bearbeitung eines solchen Kontos bekannt waren. Ich nahm an, daß ich, um Scheckhefte für die eröffneten Konten zu erhalten, Kontobewegungen vortäuschen mußte.« Ralf Dierhagen überweist kleine Beträge, die Geschäftigkeit und Solidität vorschützen.

»Nachdem das durch ihn erfolgte und er ein Scheckheft beantragte, wurde Ralf Dierhagen mitgeteilt, daß er dazu einen Ausweis für Arbeit und Sozialversicherung vorzulegen hat. Damit sah der Angeklagte sein Vorhaben bereits scheitern, als sich ihm im Dezember 1977 die günstige Gelegenheit bot, beim verantwortlichen Mitarbeiter für Sozialversicherung seines Betriebes zwei leere Ausweise für Arbeit und Sozialversicherung zu entwenden. Einen davon versah er mit den Personalien des Ambros aus dem gefälschten Personalausweis. Mit Hilfe eines bereits vor längerer Zeit gefundenen Stempels *VEB Dienstleistungskombinat* nahm er die erforderlichen Eintragungen zur Vortäuschung eines bestehenden Arbeitsverhältnisses in diesem Ausweis vor. Die Angestellten der Zweigstellen der Stadt- und Kreissparkasse Leipzig konnten von der Richtigkeit der vom Angeklagten vorgelegten Dokumente ausgehen und ihm wurden zu den Konten erstmalig Scheckhefte ausgehändigt. Durch Ausfüllung der entsprechenden Antragsformulare für Scheckausstellung in den bereits erhaltenen Scheckheften ließ er sich für die Konten zu einem späteren Zeitpunkt jeweils ein weiteres Scheckheft aushändigen. Der Angeklagte war damit Ende März 1978 im Besitz von 8 Scheckheften mit je 20 Schecks, insgesamt 160 Schecks.«

Ralf Dierhagen »entschloß sich nunmehr, die erhaltenen Scheckvordrucke zu verwenden, um einen größeren Bargeldbetrag zu erlangen. In einem Stadtplan von Leipzig zeichnete er die Zweigstellen der Stadt- und Kreissparkasse und die Postämter ein. Er legte die günstigste Fahrtroute zur Erreichung dieser Auszahlungsstellen fest.« Generalstabsmäßig plant Dierhagen seinen Raubzug.

Am 11. April 1978 reicht er Schecks auf Postämtern (PA) und den Zweigstellen der Sparkasse (ZWS) ein und hebt die höchstmöglichen Summen ab. Mit diesem Scheckbetrug riskiert er eine weitaus höhere Strafe als bei einfachem Diebstahl. Denn »bei der Einlösung von gefälschten Schecks sah die Rechtsprechung das sozialistische Eigentum als geschädigt an, weil das Bankinstitut durch die Zahlung auf einen gefälschten Scheck geschädigt wurde, anders als bei einem privaten Konto, wo dessen Inhaber belastet wurde.«

So viele Filialen wie möglich will Ralf Dierhagen an einem Tag erreichen, um der Verfolgung zu entgehen. »Zur Durchführung der Abhebungen hat er sich unter seinem eigenen Namen beim VEB Taxi Leipzig für den 11.4.1978 einen Pkw ausgeliehen.« Er fährt durchs gesamte Stadtgebiet, beginnt in Gohlis seinen Betrugszug, über Knauthain, Reudnitz, Innenstadt bis hin nach Markkleeberg. »Er verwendete drei Scheckhefte mit insgesamt 60 Vordrucken und füllte diese bereits teilweise vor dem 11.4.1978 zu Hause aus. Auf der Vorderseite der Vordrucke wurde von ihm jeweils der Betrag 500,- M in Ziffern und Worten, der Ort Leipzig, das Datum 11.4.1978 eingetragen und mit dem Namen Ambros bzw. Theodor Ambros unterschrieben. Auf der Rückseite hat er jeweils die Personalien aus dem verfälschten Ausweis des Theodor Ambros eingetragen. Der Betrüger hebt von den ungedeckten Konten ab.« Coppistraße 58, in einer Sparkassenfiliale, beginnt er seinen Betrugsfeldzug.

Ralf Dierhagens Pulsschlag wird erhöht sein. Sein Atem geht schneller. Vielleicht steht ihm der Schweiß auf der Stirn. Die Gefühlslage eines Scheckbetrügers wird im Roman *Der Höhenflug des Udo H.* beschrieben. »H. war voll gespannter Erwartung, von einer ungeheuren Neugier, was jetzt gleich geschehen würde. Nach seiner Meinung hatte er alles genau durchdacht, nichts dem Zufall überlassen. Die Kontonummern waren ihm geläufig wie das falsche Geburtsdatum. Seine Unterschrift war einwandfrei. Der entscheidende Faktor blieb allein, ob und wieweit sie hier am Schalter den Kontoinhaber persönlich kannten. Nun, das würde sich sofort zeigen. H. setzte seine Tasche ab. Der Angestellte hinter dem Bankschalter, ein farbloser Mann mittleren Alters, grüßte höflich. Ohne es zu beachten, nahm H. den ausgefüllten Scheck. Gekonnt flüssig warf er vor den Augen des Bankangestellten die unzählige Male geübte Unterschrift darunter und reichte das Formular ohne jedwede Konzilianz hinüber. Der Mann ging damit zu einigen Karteikästen, zog ein Blatt und verglich. Für sein Gefühl ein wenig zu lange.

Der Schalterangestellte kam zurück, drückte einen Stempel auf den Beleg, machte sich kurz an einem feuersicheren Kassenpult zu schaffen, feuchtete an einem Schwamm die Fingerspitzen an und zählte fünf Hundertmarkscheine hin. H. verstaute sie mit gleichgültiger Miene in einer Brieftasche aus feinstem Leder, ließ sich zu einem förmlichen Gruß herab und schritt in der Haltung eines Mannes, der sich seiner wirtschaftlichen und gesellschaftlichen Stellung voll bewußt ist, ohne sichtliche Eile davon. Erst in der belebten Hauptstraße, inmitten der vielen Menschen atmete er auf. Ein leichtes Zittern des Körpers zeigte ihm, daß die nervliche Anspannung doch größer gewesen war, als er es in der Bank empfunden hatte. Für einen Moment wandelte ihn die Versuchung an abzubrechen, sich mit dem Erreichten zu begnügen, den Plan nicht wie vorgesehen zu Ende zu führen. Seine Brieftasche barg ein kleines Vermögen, mehr als all die Jahre auf seinem eignen Konto stand. Hieß es nicht das Schicksal herausfordern, das Gelungene aufs Spiel setzen, wenn er jetzt noch einmal ein solches Risiko einging? Doch was sollte dieses plötzliche Wenn und Aber. Hatte die eben gemachte Erfahrung nicht gezeigt, wie sicher er sich bei seinem Unternehmen fühlen durfte? Hatte er das alles so gut durchdacht und vorbereitet, um jetzt am Beginn des Weges stehen zu bleiben, aufzugeben? Nein! Sein Tun entsprang der Verzweiflung, war die einzige Möglichkeit, sich gegen das an ihm begangene soziale und moralische Unrecht zu wehren. Aber wenn man schon alle sittlichen Bedenken über Bord warf und sich für einen solchen Schritt entschied – und der Entschluß war ihm wahrlich nicht leicht gefallen –, dann mußte es sich lohnen. Und diese Chance bot sich ihm nur heute, jetzt! Er hatte es einmal begonnen.

H. begab sich auf das gegenüberliegende Postamt und stand in dem von Geschäftigkeit erfüllten Schalterraum und setzte erneut die Unterschrift unter einen Scheck. Es ging alles noch einfacher, noch schneller als bei der Sparkasse. Der Schalterangestellte, ein junger, übereifriger Mensch, schien geradezu Freude daran zu haben, Auszahlungen vorzunehmen. Er ließ die Scheine geschmeidig auf die marmorierte Platte gleiten. H. steckte sie achtlos in die Jackentasche und wandte sich zum Ausgang. Er hastete auf die belebte, vom Verkehrslärm erfüllte Straße. Die Ampel schaltete auf grün. Er widerstand dem Impuls zum Postamt zurückzusehen. In einem Schwarm von Fußgängern tauchte er unter. Mit einem Gefühl unendlicher Erleichterung ging er zu seinem in der Nebenstraße geparkten Auto und fuhr davon.« So erzählt es der Roman.

Das Protokoll sagt: »Am 11.4.1978 löste Ralf Dierhagen bei 27 Zweigstellen der Sparkasse und 32 Postämtern insgesamt 59 Schecks über jeweils 500,– M unter Vorlage des Personalausweises Ambros ein.

3.600,–	ZWS 03	Coppistraße 58
500,–	ZWS 22	Georg-Schumann-Straße 261
500,–	ZWS 05	Karl-Liebknecht-Straße 14
500,–	PA 11	Karl-Liebknecht-Straße 10
500,–	PA 44	Riemannstraße 8
3 x 500,–	PA 13	Gottschedstraße 1
500,–	ZWS 35	Jahnallee 53
2 x 500,–	PA 31	Alte Straße 23
500,-	PA 47	Maurice-Thorez-Straße 58

500,–	ZWS 12	Wolfgang-Heinze-Straße 1
500,–	PA 33	Endersstraße 3
500,–	ZWS 28	Schnorrstraße 36
500,–	ZWS 19	Huttenstraße 11
500,–	PA 34	Huttenstraße 18
500,–	PA 43	Seumestraße105
500,–	ZWS 18	Schönburgstraße 4
500,–	ZWS 26	Straße des Komsomol 7
3 x 500,–	PA 1	Karl-Marx-Platz 1
4.100,–	ZWS 33	Lützner Straße 194
500,–	PA 23	Georg-Schumann-Straße 215
500,–	PA 22	Sasstraße 12
500,–	PA 14	Eutritzscher Straße (Bahngelände)
500,–	PA 16	Max-Liebermann-Straße 104
500,–	ZWS 29	Grunerstraße 4
500,–	ZWS 34	Tauchaer Straße 95
500,–	ZWS 10	Schmidt-Rühl-Straße 15
500,–	PA 42	Seehausener Straße 13
500,–	PA 29	Riesaer Straße 26
500,–	ZWS 21	Riesaer Straße 39
500,–	PA 28	Idastraße
500,–	ZWS 08	Ernst-Thälmann-Straße 67
500,–	ZWS 27	Johannisplatz 17
500,–	ZWS 0	Schillerstraße 4
500,–	ZWS 32	Straße der Befreiung 25
2 x 500,–	ZWS 07	Heinrichtraße 1
500,–	PA 05	Lilienstraße 3
500,–	PA 26	Georg-Schumann-Straße 357
500,–	ZWS 31	Zweinaundorfer Straße 17
500,–	ZWS 09	Melcherstraße 9
500,–	PA 39	Strümpellstraße
500,–	ZWS 23	Peterssteinweg (Centrum-Warenhaus)
500,–	ZWS 30	Richard-Wagner-Straße (Konsument-Warenhaus)

500,–	PA 37	Arnoldstraße 21
500,–	ZWS 36	Leninstraße 300
500,–	PA 41	Zwickauer Straße 99a
500,–	ZWS 51	Sterntaler Weg
500,–	ZWS 04	Fritz-Austel-Straße 154
500,–	PA 36	Fritz-Austel-Straße 176
500,–	PA 15	Fritz-Austel-Straße 90
500,–	ZWS 11	Karl-Liebknecht-Straße 153
500,–	PA 03	Eichendorffstraße 10
500,–	ZWS 24	Kantstraße 67

Somit erlangte er an diesem Tage einen Bargeldbetrag von 37.200,– M. Auf den betroffenen Konten war eine Deckung von 826,80 M vorhanden, so daß ein Schaden in Höhe von 36.373,20 M entstanden ist. Es erfolgte die sofortige Sperrung aller 4 vom Angeklagten unter dem Namen Ambros eröffneten Konten im Republikmaßstab.« Die Zeugen erstellen ein Phantombild. Mit diesem wird in den Zeitungen gesucht. »Wer kann Angaben machen? Gesucht wird ein Betrüger, der in mehreren Sparkassenfilialen und Postämtern unter Vorlage eines gefälschten Personalausweises Scheckformulare einreichte. Angaben, die auf Wunsch vertraulich behandelt werden, bitte an das Polizeipräsidium Leipzig, Georgi-Dimitroff-Straße 1.« Die öffentliche Fahndung bleibt erfolglos.

Bei diesem einmaligen Scheckbetrug und der erbeuteten Summe bleibt es nicht. Ist es Gier, Ehrgeiz, Routine? »Am 17.4.1978 verwendete der Angeklagte erstmals einen Scheck für einen Einkauf. Telefonisch erkundigte er sich unter dem Namen Schmidt im Fachgeschäft *RFT Rundfunk und Fernsehen* in Eilenburg nach einem bestimmten Radiogerät und ließ sich dieses reservieren. Aus diesem Grunde unterschrieb er den Scheck bereits vorher mit dem Namen Heinz Schmidt auf der Vorderseite. Am 17.4.1978 fuhr er mit einem Taxi nach Eilenburg und kaufte im o.g. Fachgeschäft unter Vorlage des Schecks und des Personalausweises Ambros ein Stereo-Radio Tocatta, einen Plattenspieler Türkis 216 und zwei Lautsprecherboxen für insgesamt 2.765,– M. Die Geräte wurden bei dem Angeklagten beschlagnahmt und zurückgegeben.

Am 9.5.1978 kaufte der Angeklagte im Sportartikelgeschäft, Endersstraße 6, Campingausrüstung für 896,10 M. Auf gleiche Weise erlangte er am 11.5.1978 in Halle im Wert von mehr als 4.000 M Rundfunktechnik, Haushaltsgeräte, ein Kaffee- und Tafelservice und Besteck, Bettwäsche und Anglerbedarf. Beim Kauf des Klappfahrrades nahm der Angeklagte aufgrund des Verhaltens der Verkäuferin an, daß seine strafbaren Handlungen aufgedeckt würden und verließ unter Zurücklassung des Schecks und der gekauften Gegenstände fluchtartig das Konsument Warenhaus Halle.

Aus diesem Grunde kamen ihm ernsthafte Bedenken, so daß er bis zum 19.12.1979, dem Tag der Barabhebungen in Karl-Marx-Stadt, keinen Gebrauch von den unrechtmäßig erlangten Schecks machte. Er konnte jedoch der Versuchung nicht widerstehen und löste nachfolgend weitere Schecks auch für Einkäufe ein.

Im Dezember 1979 nach einem längeren Zeitraum der Unterbrechung der strafbaren Handlungen wollte der Angeklagte nochmals zu Bargeld kommen und dafür die unrechtmäßig erlangten Schecks verwenden. Ihm war klar, daß zwischenzeitlich bei allen auszahlenden Stellen die von ihm eröffneten Konten im Sperrverzeichnis registriert waren. Aus diesem Grunde hatte er bereits vorher mit Hilfe von Faserschreibern die Kontonummer auf den Schecks abgeändert. Um einer weiteren Gefahr der Entdeckung zu entgehen, löste er dieses Mal die Barschecks nicht in Leipzig, sondern in Karl-Marx-Stadt ein. Dazu zeichnete er sich in einen Stadtplan von Karl-Marx-Stadt die Postämter ein. Mit dem vom erlangten Geld aus der vorherigen Strafhandlung gekauften PKW Shiguli fuhr er am 19.12.1979 nach Karl-Marx-Stadt. Unter Vorlage des Personalausweises Ambros erhielt er in einem Fall von der Sparkasse und in 18 weiteren Fällen von Postämtern die von ihm auf den Vordrucken eingetragenen Beträge ausgezahlt. Durch die Verfälschung der Kontonummern auf den Schecks mußte erneut eine Republiksperre ausgelöst werden. Deckung war auf den betroffenen Konten nicht mehr vorhanden.

Am 20.12.1979 fuhr er mit seinem Pkw nach Dresden und erwarb unter Vorlage gefälschter Schecks und gefälschten Personalausweises Gegenstände wie Lederjacke, Pkw-Ersatzteile, Fernsehgerät und Taschenrechner im Wert von circa 5.000 M. Am 21.12.1979 fuhr er wiederum mit seinem Pkw nach Magdeburg und tätigte unter Vorlage des Personalausweises Ambros und entsprechender gefälschter Schecks Einkäufe in volkseigenen Handelseinrichtungen der Stadt Magdeburg und erlangte Bekleidung, Ski, Konserven, Radio und zwei Taschenrechner. Weitere Betrugshandlungen erfolgten am 27.1.1980 in Leipzig, 8.4.1980 in Herzberg, 9.4.1980 in Gera, 10.4.1980 in Leipzig, 14.4.1980 in Berlin, 12.11.1980 in Karl-Marx-Stadt.

Am 19.2.1981 löste der Angeklagte den letzten (!) ihm zur Verfügung stehenden Scheck im Fotogeschäft Borna, Wilhelm-Pieck-Straße, ein. Durch die Zeugin Richter wird geschildert, daß der Angeklagte durch sein selbstsicheres und überzeugendes Auftreten auch beim Umfang des mit Scheck getätigten Einkaufs keinerlei Verdacht erweckte. Dadurch ist der Zeugin auch nicht aufgefallen, daß bei der Übergabe des Schecks der Personalausweis Ambros vom Angeklagten vorgelegt wurde, für den eine über Jahre hinwegreichende Fahndungsmitteilung der Volkspolizei vorlag. Erst als der Verkauf von optischen Geräten im Werte von 1.994,60 M abgeschlossen war und der Angeklagte den Laden bereits wieder verlassen hatte, ist der Zeugin die Fahndungsmitteilung eingefallen. Durch sofortige Verständigung der Volkspolizei und aufgrund der dort erworbenen Gegenstände konnte mit Hilfe der Zeugin der Angeklagte kurze Zeit später verhaftet werden.«

Dem Antrag auf Haftbefehl für Ralf Dierhagen wird stattgegeben: »Der Beschuldigte ist der Tat dringend verdächtig, weil durch ein Schriftgutachten zweifelsfrei bewiesen werden kann, daß Dierhagen als Schriftverursacher für die zur Einlösung gebrachten Schecks infrage kommt und somit Schrifturheberschaft vorliegt. Weil der Dierhagen auf Grund von Lichtbildvorlagen und pers. Gegenüberstellungen durch Zeugen als diejenige Person wiedererkannt wurde, die unter Vorlage des PA, ausgestellt auf den Namen Ambros, Schecks zum Kauf von Schmuck und Industriewaren in den betreffenden Vst. einlöste.

Die Untersuchungshaft ist gesetzlich begründet, weil ein Verbrechen den Gegenstand des Verfahrens bildet und weiterhin das Verhalten des Beschuldigten eine wiederholte und erhebliche Mißachtung der Strafgesetze darstellt und dadurch Wiederholungsgefahr begründet wird.«

Der Einzelhandel war durch Ralf Dierhagen mit 88.210,55 M geschädigt, Privatpersonen mit 3.598,– M. Auch Nachschlüsseldiebstähle konnten Ralf Dierhagen nachgewiesen werden sowie Benzinbetrug mit Tankgutscheinen.

Auf die Frage, warum er diese Taten begangen habe, antwortet Ralf Dierhagen: »Die Ursachen zur Begehung meiner Straftaten begründe ich damit, daß ich etwa im Jahre 1976, beim Rat des Stadtbezirkes Nordost, Abt. Inneres, einen Antrag für mich und meine Tochter auf unsere Entlassung aus der Staatsbürgerschaft der DDR und die Übersiedlung in die BRD stellte. Dieser Antrag wurde abgelehnt. Über diese Maßnahme bzw. Entscheidung des staatlichen Organs war ich verärgert, und in mir reifte der Entschluß, Straftaten im Gebiet der DDR zu begehen, um damit meine materiellen

Verhältnisse zu verbessern. Zum anderen hatte ich mir einen Trabant gekauft, hatte dadurch Schulden bei meinen Eltern und wollte diese so schnell wie möglich abbezahlen.« Und tatsächlich fühlt sich Ralf Dierhagen ungerecht behandelt. Bereits am 16.12.1976 schrieb er den DDR-Staatsorganen: »Hiermit beantrage ich für mich und meine Tochter die Entlassung aus der Staatsbürgerschaft der DDR und die Übersiedlung in die BRD. Dies geschieht unter Berufung auf die Konvention über politische und zivile Rechte und auf die Vereinbarung der Schlußakte von Helsinki.

Begründung: Ich möchte gleich anfangs klarstellen, daß ich es keinesfalls als Ehre betrachte, der DDR in irgendeiner Form anzugehören. Die Staatsbürgerschaft der DDR ist für mich weiter nichts als ein aufgezwungenes Übel. Seit sich in mir ein politisches Bewußtsein gebildet hat, kann ich mich mit den politischen und wirtschaftspolitischen Maßnahmen dieses Staates nicht mehr einverstanden erklären.

Mein Bruder hatte den Mut, sich über bestimmte Mißstände zu äußern. Er wurde daraufhin in einem inoffiziellen Prozeß (siehe 4 Jahre früher) zu einer Freiheitsstrafe verurteilt, und weil er nicht von seiner meiner Ansicht nach richtigen Meinung zurücktrat, in die BRD ausgewiesen. Das hat mein Vertrauen zu diesem angeblich so menschenfreundlichen Staat vollkommen erschüttert. Ich muß anführen, daß die Meinung meines Bruders in diesen Fragen mit der meinigen völlig identisch ist. Es könnte mir also einmal etwas Ähnliches passieren wie ihm.

Ebenfalls beweist mir die Ausweisung von Biermann, wie es um die angebliche Meinungsfreiheit in diesem Staat bestellt ist. Man darf seine Meinung äußern, aber nur, solange sie mit der Partei konform geht. Sollte sie von der Linie der Partei – die immer recht hat – abweichen, ist es Verleumdung, und man steht als Staatsfeind da.

Täglich liest man in allen Zeitungen die neuesten Parteiparolen und Erfolgsmeldungen der sozialistischen Planwirtschaft. Die Parolen machen mich nicht ein Stück freier, und für die Erfolge kann ich mir nicht mal ein müdes Danke abringen. Für was auch?

Etwa für das umwerfende Konsumgüterangebot, für die Neubauwohnung, die zu bekommen ich kaum eine Chance habe, für die jahrelangen Wartezeiten auf einen mickrigen Trabant, für die 15 Tage Urlaub, für den 8,75 Std.-Tag, für die lausigen drei FDGB-Ferienplätze außerhalb der Saison, die jedes Jahr in meinem Betrieb eintreffen, für die ungenügende Entlohnung (mein Bruder verdient in der BRD das Doppelte!), oder etwa für die Intershops, in denen mir so deutlich vor Augen geführt wird, was die DDR-Mark wert ist? Verschiedene Artikel muß ich mir von meinem Bruder mitbringen lassen, weil das sozialistische Wirtschaftssystem so etwas nicht oder nur zu sündhaft teuren Preisen hervorbringt. Ebenso kann mich die frontähnliche Grenze, an der man von den eigenen Landsleuten erschossen wird, nur mit Abscheu erfüllen.

Der einseitig nutzbringende Handel mit dem großen Bruder SU beleidigt mein Nationalbewußtsein.

Untragbar ist für mich desweiteren die Tatsache, daß es trotz Unterzeichnung der Schlußakte von Helsinki in der DDR Gesetze gibt, die mir verbieten, meine Verwandten in der BRD zu besuchen, auch wenn sie nicht im Sterben liegen oder schon tot sind. Vielleicht sollten die für die Ablehnung derartiger Gesuche zuständigen Genossen diese Schlußakte einmal genau lesen. Es könnte sein, daß dann einige der Genossen merken, daß ihre derzeitige Denk- und Handlungsweise überhaupt nicht mehr dem neuesten Stand der Entwicklung entspricht.

Egal in welches Land mein laut DDR-Presse unterdrückter Bruder reisen möchte, er braucht nirgendwo um Ausreise zu betteln. Die einzigen Behörden, die sich dafür interessieren, sind die Bundesbahn oder Lufthansa.

Dieses laufende Sich-ducken-und-verzichten-Müssen ist

auf die Dauer für mich nicht mehr erträglich. Es ist deshalb besser, ich verlasse diesen Staat, mit dem mich nichts, aber auch gar nichts verbindet.

Abschließend möchte ich noch bemerken, daß irgendwelche Aussprachen, die das Ziel haben, mich von meinem Vorhaben abzubringen, zwecklos sind. Mit allen erdenklichen Mitteln werde ich um die Erreichung dieses Zieles kämpfen. Es ist mir außerdem zuwider, mich mit Menschen zu unterhalten, die diese, meiner Ansicht nach menschenrechtswidrigen und die Menschenwürde verletzenden, Machenschaften dieses Staates noch unterstützen.«

Tatsächlich brachte die auch von der DDR unterzeichnete Schlussakte von Helsinki Hoffnung auf die Durchlässigkeit der Staatsgrenzen. Denn Punkt VII. versprach »Achtung der Menschenrechte und Grundfreiheiten, einschließlich der Gedanken-, Gewissens-, Religions- und Überzeugungsfreiheit«.

Natürlich werden die Genossen im Betrieb mit Kollegen Dierhagen über seine Haltung und seinen Ausreiseantrag reden, auch wenn es »zwecklos« sein wird.

»Am 1.12.1976 wurde der VEB Fototechnik Leipzig vom zuständigen Stadtbezirk, Abt. Inneres, informiert, daß Koll. Dierhagen den Antrag auf Aberkennung der Staatsbürgerschaft der DDR und auf Übersiedlung in die BRD gestellt hat.

Dem Kollegen Dierhagen wurde erläutert und mitgeteilt, daß für ihn die Möglichkeit auf Grund gesetzl. Bestimmungen der DDR nicht besteht. Laut Aussagen des Koll. Dierhagen liegen betriebliche Gründe, finanzielle und soziale Notlage nicht vor. Er sagte: ›Mit dem System bin ich politisch und ökonomisch nicht einverstanden und bestehe weiterhin auf die Bearbeitung meines Antrages. Ich werde alle Möglichkeiten einleiten und Korrespondenz außerhalb der Republik führen und alles Erdenkliche unternehmen, die meine Ausreise erwirken.‹ Er teilte dem Betrieb mit, daß er bereits einen neuen Antrag auf Ausreise gestellt hat.

Das Ziel des Kadergespräches, Kollegen Dierhagen von seiner falschen Handlungsweise zu überzeugen, verlief erfolglos.«

Nicht nur bei Ralf Dierhagen werden die Hoffnungen auf Reisefreiheit enttäuscht, denn die Partei- und Staatsführung der DDR berief sich bei der Schlussakte von Helsinki auf Punkt VI., die »Nichteinmischung in die inneren Angelegenheiten« eines souveränen Staates. Ralf Dierhagen sitzt in der Dimpfelstraße 1 fest. Am 6. April 1979 stellt er zum dritten Mal einen Ausreiseantrag.

»Genossen!

Damit keine Unklarheiten entstehen, möchte ich hiermit nochmals erklären, daß ich immer noch die Absicht habe, die DDR zu verlassen.

Da ich schon einige erfolglose Anträge auf Übersiedlung in die BRD gestellt habe, könnte ich fast zu der Annahme neigen, daß die Zeiten des Sklaventums oder der Leibeigenschaft zurückgekehrt sind. Anders kann ich mir dieses Besitzrecht auf meine Person, welches sich dieser Staat herausnimmt, nicht erklären. Das Verhalten der DDR-Organe kann ich beim besten Willen nicht mit meiner (übrigens nicht nur meiner) Vorstellung von Demokratie und Menschenrecht in Einklang bringen. Es trägt vielmehr dazu bei, daß mein Wunsch, diesen Staat zu verlassen, immer dringlicher wird.

Trotzdem habe ich in letzter Zeit versucht, wenn man mich schon nicht aus diesem Staat rausläßt, mir das kümmerliche Dasein wenigstens etwas zu verbessern.

Aber den Antrag auf Nutzung einer Mietergarage hat man gar nicht erst angenommen, den für eine Neubauwohnung zwar irgendwo eingeheftet, aber in den nächsten 10–15

Jahren wird sich da wohl nichts tun. Und ich habe absolut keine Lust, noch weitere 15 Jahre ohne Bad zu hausen, mir diesen verkommenen Hinterhof anzusehen und den Gestank eines im Hof befindlichen Betriebes zu ertragen. Will meine Tochter auf unserem Hof spielen, dann steht sie vor einem Haufen von Flugasche und überfüllten Müllkübeln. Wenn Ihr, Genossen, so einen Sozialismus gut findet – bitteschön – ich halte nichts davon.

Trotz Erfolge verkündender Parolen in allen Zeitungen muß ich mehr als 10 Jahre auf einen Pkw und 30 Jahre auf den primitivsten Wohnwagen warten. An die fast unmögliche Beschaffung mancher Artikel des täglichen Bedarfs oder von Autoersatzteilen möchte ich gar nicht erst erinnern. Wo ist denn nur diese schon so lange angekündigte Überlegenheit den bösen Ausbeutern gegenüber? Das müßte doch nun bald mal losgehen – schließlich ist der 2. Weltkrieg schon seit 34 Jahren beendet.

Der Wunsch, meinen Bruder in der BRD zu besuchen oder einen Urlaub auf Malta zu verbringen, ist in Eurem Sozialismus doch nur eine Wahnvorstellung. Das einzige, was man in diesem Staat darf, ist arbeiten. Und wenn ich mir so betrachte, was ich mir für einen Monatslohn – im Gegensatz zu meinem ausgebeuteten Bruder – leisten kann, so habe ich so ganz langsam die Schnauze voll davon. Der in der DDR existierende Sozialismus ist mir einfach nicht attraktiv genug. Ich habe diese ewige Bevormundung und das Leben als Mensch 2. Klasse restlos satt.

Mit meinen 32 Jahren möchte ich jetzt endlich mal anfangen, in Freiheit zu leben.

Denn Freiheit hinter Selbstschüssen und Stacheldraht ist für mich keine Freiheit.

Ich stelle hiermit für mich und meine Tochter erneut Antrag auf Entlassung aus der DDR-Staatsbürgerschaft und Übersiedlung in die BRD.«

Der Antrag wird erneut abschlägig beschieden. Ralf Dierhagen und seine Tochter Michaela wird die ständige Ausreise in die BRD von den zuständigen Organen nicht gestattet. Den Traum vom Reisen will Ralf Dierhagen sich und seiner Tochter trotzdem erfüllen. Er kauft überteuert einen Wohnwagen. Zumindest einen Hauch von Freiheit vermittelt auch er.

Doch erinnern die Genossen Ralf Dierhagen auch jetzt an seine staatsbürgerlichen Pflichten. Ein nächstes Kadergespräch mit ihm wird anberaumt. Das Protokoll vermerkt: »Kollege Dierhagen bleibt auf seinem rechtswidrigen Antrag bestehen. Er begründet das damit, daß er sich als Mensch zweiter Klasse, eingeengt und als Gefangener fühlt, da er nicht hinreisen kann, wohin er möchte. Sein Interesse liegt darin, im Urlaub in die BRD zu seinem Bruder oder nach Frankreich zu reisen. Da ihm dies hier verwehrt wird, bleibt er bei seinem Antrag.

Als ihm in der Diskussion aufgezeigt wurde, daß er das Sorgerecht für ein Kind hat und dafür Verantwortung hat, zumal er nicht weiß, was ihn in der BRD erwartet, sagte er, das sei ihm egal und wenn er auch hungern müsse. Im weiteren Gespräch sagte Kollege Dierhagen, er würde es sich vielleicht überlegen, den Antrag zurückzuziehen, wenn er sich selbst einmal von der Situation in der BRD überzeugen könnte.

Er bestätigte uns, daß es keine betrieblichen Probleme seien, die ihn dazu veranlassen, seine Arbeit mache ihm Freude. Die fachliche Einschätzung durch seinen zuständigen Fachbereichsleiter entspricht der Beurteilung vom 16.4.1980. Wohnungsmäßig hat er Probleme, deshalb sei er auch mehrfach beim Wohnungsamt gewesen, man habe ihn aber nur vertröstet. Als mit ihm das umfangreiche Wohnungsbauprogramm diskutiert wurde, sah er ein, daß nicht jedem gleich geholfen werden kann. Trotz ausführlicher Diskussion mit dem Kollegen Dierhagen war er nicht davon zu überzeugen, seinen Antrag zurückzuziehen.«

Zumindest Einsicht habe er bekundet, berichten die Genossen. Ehrlich werden Ralf Dierhagens Worte nicht gewesen sein.

Nach der Verhaftung am 19. Februar in Borna bitten die Ermittler den für die Dimpfelstraße 1 zuständigen ABV um seine Einschätzung des Tatverdächtigen. Vielleicht hat Dierhagen ja von den unrechtmäßig erworbenen Dingen einige zum Verkauf angeboten.

»Der Bürger Dierhagen wohnt mit seinen Eltern im gleichen Grundstück. Nach der Scheidung behielt er die eheliche Wohnung, und auch das Kind wurde ihm zugesprochen. Mit seinen Eltern lebt er in einem sehr guten und harmonischen Verhältnis. Die Großeltern kümmern sich auch sehr viel um ihr Enkel. Dierhagen wird als zurückgezogen und kontaktarm lebend bezeichnet. Er pflegt keinen Kontakt zu anderen Hausbewohnern und läßt sich auch in keine Unterhaltung verwickeln. Soweit es aus den Gesprächen seiner Mutter herauszuhören ist, pflegt er Postverbindung zu seinem Bruder in der BRD. Soweit der Überblick besteht, geht er seiner Arbeit geregelt nach, und er lebt in geordneten finanziellen Verhältnissen. Nachdem er anfangs als Kfz.-Besitz ein Moped, Krad, später einen Pkw Trabant besaß, ist er heute im Besitz eines Pkw Shiguli. Seine Einstellung zu unserem Arbeiter-und-Bauern-Staat kann von der Auskunftsperson nicht eingeschätzt werden, da sich Dierhagen in keiner Weise äußert. Obwohl in der zurückliegenden Zeit keinerlei negative Verhaltensweisen bekannt wurden, wird eingeschätzt, daß seine Einstellung zum Negativen neigt. Es gibt zur Zeit keinerlei Hinweise, daß der Dierhagen Gegenstände verkauft oder zum Verkauf angeboten hat. Es wurden bisher keine Feststellungen getroffen, aus denen man schlußfolgern könnte, daß der Dierhagen die Absicht hat, die DDR ungesetzlich zu verlassen.«

Dann befragt man das Arbeitskollektiv. Das muss zum

Verhalten des Kollegen, wie im sozialistischen Staate üblich, erneut Stellung nehmen, denn das Versagen des Einzelnen ist auch das Versagen des Kollektivs. So schreibt die Partei- und Kaderleitung am 7. Juli 1981 die »Beurteilung des VEB Modell-Konstrukt, 7042 Leipzig, Plösener Straße 8:

Kollege Dierhagen begann seine Tätigkeit als Fräser in der Abteilung Werkzeugbau am 1.9.1970 in der PGH Werkzeugbau. Im Mai 1972 wurde die PGH in den VEB Fototechnik umgewandelt und 1980 an den VEB Modell-Konstrukt angegliedert. Für seine Tätigkeit als Fräser besaß er ein hohes fachliches Wissen und Können. Dadurch war er in der Lage, die ihm übertragenen Arbeiten in der geforderten Qualität und Quantität auszuführen. An den vom Kollektiv gezeigten Aktivitäten beteiligte sich Koll. Dierhagen nur teilweise, wobei er fast immer dazu aufgefordert werden mußte. Es bestanden nur wenige Beziehungen und Kontakte zum Kollektiv, da sein Charakter verschlossen war, und er zu einer Art Einzelgängertum neigte. Sein Verhalten wirkte nicht kollektivfördernd. Den Kollegen gegenüber war er höflich und die Weisungen des Vorgesetzten wurden von ihm befolgt.

Gesellschaftlich zeigte er keine Aktivitäten. Nachdem er aus dem FDGB austrat, war er nicht mehr gesellschaftlich organisiert.

Seine politische Gesamteinstellung zu unserem Staat war negativ, was er noch besonders mit dem Antrag auf Ausreise aus der DDR in die BRD dokumentierte. Die mit ihm geführten Aussprachen blieben ohne Erfolg.

Diese Beurteilung wurde unter Mitwirkung des Vertrauensmannes erarbeitet, im Kollektiv beraten und anerkannt.«

Daraufhin spricht sich die Staatsanwältin am 10. Juli 1981 nochmals persönlich mit dem Arbeitskollektiv. Man hält protokollarisch fest: »Die Beratung mit den anwesenden neun Kollegen wurde durch die Unterzeichner und die Staatsanwältin Mühlberg durchgeführt.

Die Kollegen distanzieren sich von den Straftaten des Dierhagen. Betrugshandlungen hätten sie ihm nie zugetraut. Charakterlich wird er widersprüchlich eingeschätzt, ist typischer Einzelgänger. Über seine eigenen Probleme sprach er sich mit den Kollegen nicht aus. Arbeitsmäßig wird er als hilfsbereit, fleißig und anständig auf der einen Seite bezeichnet, anderseits war man nicht einverstanden, daß er sich vielfach krank schreiben ließ. Es gab Tage, teilweise auch Stunden, wo er sehr ordentlich arbeitete, dann plötzlich, ohne Grund, alles hingeschmissen hat. Bis etwa 1976 (Zeitpunkt als sein Bruder in die BRD ausgewiesen wurde) schimpfte er auf Verhältnisse in der BRD. Seit diesem Zeitpunkt war er dann wie umgewandelt und verherrlichte die dortigen Verhältnisse, während er mehrfach zum Ausdruck brachte, daß er sich bei uns nichts leisten könnte, er zu wenig Geld verdienen würde. So war es den Arbeitskollegen auch bekannt, daß er mehrfach einen Ausreiseantrag in die BRD gestellt hat, es diesbezüglich zu mehrfachen Aussprachen und Auseinandersetzungen gekommen ist. Er selbst ließ sich jedoch nicht von seinem falschen Standpunkt überzeugen. Dies ist ebenfalls nach Einschätzung der Kollegen ein Charakterzug, daß er sehr von sich eingenommen ist und nicht zugibt, wenn er unrecht hat. So wird von den Arbeitskollegen die Ursache seiner Straftaten in einem gewissen Geltungsbedürfnis, aber auch in konkreter Zueignungsabsicht gesehen. Durch die Darstellung des Gesamtumfanges der Straftaten kam das Kollektiv übereinstimmend zu der Meinung, daß man ihn nicht nur als labil, sondern auch als egoistisch bezeichnen muß.«

Ersichtlich ist in den Polizeiprotokollen und der Anklageschrift, dass Ralf Dierhagen (notgedrungen) Einsicht zeigt und am 3. Juli bestätigt: »Der Entschluss, auf die Ausreise zu verzichten, ist schon längst in mir herangereift. Meine Freundin hat diesbezüglich mit mir mehrfach Aussprachen geführt, da sie auf jeden Fall in der DDR bleiben will. Ich selbst beabsichtige, mit ihr zusammenzubleiben und dadurch war ich mir klar, daß ich nicht auf meiner Ausreise bestehen kann. Bis zu meiner Inhaftierung habe ich diesen Entschluß aber immer wieder vor mir hergeschoben. Es war meinerseits ein gewisser Trotz vorhanden.«

Auch stimmt Ralf Dierhagen im Polizeigewahrsam dem Verkauf seines Pkws zu und unterschreibt: »Ich erkläre mich hiermit einverstanden, daß mein Pkw zum Verkauf gelangt. Dabei möchte ich um Rückgabe der Gegenstände aus dem Handschuhfach sowie aus den Taschen der vorderen Türen bitten, da dies rein persönliche Gegenstände sind. Desweiteren alle Gegenstände aus dem Kofferraum, außer Ersatzrad, Wagenheber und der Stofftasche mit Luftpumpe und Anlaßkurbel. Die Automatikvollgurte gehören nicht in diesen Pkw. Die originalen Gurte befinden sich im Anbau am Waschhaus des Gründstücks Dimpfelstraße 1. Ich begreife, daß der jeweilige Erlösbetrag dann an Unternehmen geht, welche ich durch meine Straftaten schädigte. Meinen Pkw-Anhänger bitte ich aus verschiedenen, oben angeführten Gründen in meinem Besitz zu belassen.«

Später wird er auch ihn verkaufen müssen.

Trotz Einsicht und Geständnis sieht Staatsanwältin Mühlberg wenig *mildernde Umstände* und formuliert: »Der Angeklagte hat alle Straftaten langfristig geplant und hat dafür bewußt den Personalausweis und die entsprechenden Urkunden verfälscht bzw. gefälscht. Er war sich stets der Rechtswidrigkeit seiner Handlungen bewußt. Er handelte demzufolge in allen Fällen vorsätzlich gem. § 6 Abs. 1 StGb. Sein umfassendes Geständnis im Ermittlungsverfahren und in der Hauptverhandlung wird durch vorliegende objektive Beweismittel gestützt. Seine Täterschaft wird weiterhin dadurch bewiesen, daß ein großer Teil der von ihm rechtswidrig erworbenen Gegenstände beschlagnahmt und an die

Einzelhandelseinrichtungen zurückgegeben werden konnten.« Letztlich beläuft sich der Gesamtschaden am sozialistischen Eigentum 166.980,15 M, Privatpersonen wurden um 5.240,85 M betrogen.

»Die Ursachen für sein strafbares Handeln liegen in der beim Angeklagten vorhandenen kleinbürgerlichen Denk- und Verhaltensweise und sind weiterhin in einem übersteigerten Egoismus begründet. In gewissenloser Weise hat er zur Befriedigung seiner persönlichen Bedürfnisse die Großzügigkeit der Scheckbedingungen ausgenutzt. Mit dem Erwerb von materiellen Gütern wollte er seine Unzufriedenheit mit seinem Leben durch kriminelle Handlungen überwinden. Dies wird bewiesen durch den sofortigen Kauf eines gebrauchten Pkws zum Überpreis und eines Campinganhängers von dem unrechtmäßig erlangten Geld sowie durch die Anhäufung hochwertiger, teils gleichartiger Konsumgüter. Richtig wird vom Staatsanwalt eingeschätzt, daß sich die Maßlosigkeit des Angeklagten zum Ende der Tatbegehungen steigert, indem er nur noch hochpreisige Gegenstände für die letzten ihm zur Verfügung stehenden Schecks einkaufte.«

Auch der Verzicht auf Auto und Campinganhänger, der Ralf Dierhagen sichtbar schwer gefallen ist, kann von der Staatsanwältin nicht strafmildernd gewertet werden. »Es liegt zwar eine Wiedergutmachungsbereitschaft des Dierhagen vor, jedoch erfolgte die bisherige Wiedergutmachung unabhängig vom Willen des Angeklagten. Auch die Behauptung des Angeklagten, daß er mit seinen Straftaten eine materielle Sicherstellung seines körperbehinderten Kindes erreichen wollte, war nicht überzeugend, da der größte Teil der unrechtmäßig erlangten Konsumgüter im wesentlichen auf die Befriedigung seiner eigenen übersteigerten Bedürfnisse gerichtet war. Seiner Verantwortung dem Kind gegenüber ist er durch seine Straftaten am wenigsten gerecht geworden.«

Hart fällt das Urteil aus und wird am 12. September 1981 verkündet: »In der Strafsache gegen den Werkzeugfräser Ralf Dierhagen wegen verbrecherischen Betruges zum Nachteil sozialistischen Eigentums u.a. hat der 3. Strafsenat des Bezirkes Leipzig in der Hauptverhandlung vom 31.8., 1.9. und 4.9.1981 für Recht erkannt:

1 Der Angeklagte wird wegen mehrfachen verbrecherischen, teils versuchten Betruges zum Nachteil sozialistischen Eigentums nach §§ 159 Abs. 1 und 2, 162 Abs. 1, Ziff 1, StGb in Tateinheit mit dem Vergehen der mehrfachen Urkundenfälschung gem. § 240 Abs. 1 StGb, wegen Vergehens des Diebstahls und mehrfachen Betruges zum Nachteil privaten Eigentums gem. §§ 177 Abs. 1, 180 StGb teils in Tateinheit mit Begehen der mehrfachen Urkundenfälschung gem. § 240 Abs. 1 StGb und wegen Vergehens der Verletzung der Verordnung über die Personalausweise der Deutschen Demokratischen Republik – Personalausweisordnung – vom 23. September 1963 in der Fassung der Dritten Verordnung vom 10. August 1978 über die Personalausweise in der DDR – Personalausweisordnung – zu einer Freiheitsstrafe von 9 – neun – Jahren verurteilt.

2 Gemäß § 54 Abs. 1 StGb wird dem Angeklagten zusätzlich die Fahrerlaubnis auf die Dauer von 5 – fünf – Jahren entzogen

3 Der Angeklagte wird wie folgt zu Schadenersatz verurteilt.

4 Die Auslagen des Verfahrens und die den Geschädigten entstandenen notwendigen Auslagen zur Geltendmachung des Schadensersatzes hat der Angeklagte zu tragen.«

Das Parteiorgan *Leipziger Volkszeitung* hält den Fall Dierhagen für pädagogisch wertvoll und berichtet am 22. September 1981 aus dem Gerichtssaal: *Freizügigkeitsverkehr – kein Freibrief für Betrüger.* »Rechnet man alles zusammen, so hat sich der 35jährige Ralf Dierhagen durch seine Gaunereien für fast 140.000 Mark Bargeld oder Sachwerte angeeignet. Und er tat dies mit Unverschämtheit und Raffinesse. Die Frau hinter dem Ladentisch eines Bornaer Fotogeschäftes, die ihm schließlich das Handwerk mit legen half, sagte selbst: ›Im ersten Moment dachte ich gar nicht daran, daß das doch der gefälschte Personalausweis sein könnte, auf den wir hingewiesen worden sind. Der Kunde legte ihn so entgegenkommend vor, als er mit dem Scheck bezahlte und trat so selbstbewußt auf. Erst hinterher wurde ich stutzig und verständigte die Volkspolizei.‹ Manch anderer hatte sich im Lauf der Zeit von Dierhagen leider bluffen lassen. Denn erst, nachdem er mit seinem letzten Scheck für über 1.000 Mark Foto-Kino-Artikel kaufen wollte, konnte der Betrüger festgenommen werden. Auf die Frage des Gerichts, wie der sonst mit Glück wenig überhäufte Werkzeugmacher auf die Idee gekommen sei, sein Leben durch Scheckbetrug zu verbessern, antwortete dieser: ›Daß so etwas geht, hab ich mal gelesen.‹ Aber da hat er wohl nie zu Ende gelesen und überlesen, daß solch eine Rechnung zum Schluß nie aufgeht.

Vor ein paar Jahren hatte er sich mit kleinen Einbrüchen in Autos versucht. Dann fand er im Herbst 1977 auf dem Parkplatz am Auensee den Personalausweis eines älteren Mannes namens Ambros. Dierhagen änderte die Geburtsdaten, tauschte geschickt das Paßbild aus – und alles, was er fortan gaunerhaft inszenierte, geschah unter falschem Namen. So gelang es ihm, in Leipzig insgesamt fünf Konten bei verschiedenen Zweigstellen der Sparkasse zu eröffnen. Und nachdem er darauf eine zeitlang durch Einzahlungen und Abhebungen ›Kontobewegung‹ vortäuschte und sich mit Hilfe eines im Betrieb entwendeten, auf den Namen ›Ambros‹ zurechtgemachten SV-Ausweises zu Scheckheften verhalf, startete Ralf D. im April des Folgejahres seinen ›großen Zug‹.

Klar, daß auf dieses dreiste Unternehmen Kontosperren und andere Maßnahmen erfolgen mußten. Jedenfalls trat der ›falsche Ambros‹ vorläufig nicht wieder in Erscheinung. Von Dierhagens frecher Selbstsicherheit zeugt, wie er schließlich die fünf Scheckhefte, die er noch besaß, verwendete. Schein für Schein nutzte er zum Einkauf in der ganzen Republik – mit eigenhändig verfälschten Kontonummern auf den Vordrucken. Damit ergaunerte er sich Fernseh- und Tonbandgeräte, Recorder, Plattenspieler, Haushaltgegenstände, Porzellan, Lederjacken und andere Kleidung, Uhren, Schmuck, Perlenketten, Gold- und Silberwaren und manch Wertvolles mehr. Derartige Einkäufe vollzog der gerissene Betrüger in Eilenburg, Halle, Dresden, Magdeburg, Berlin, Karl-Marx-Stadt, Leipzig und anderswo mit Hilfe eines alten Shiguli, für den er auf dem Automarkt 20.000 Mark hingeblättert hatte. Den Besitz seines Pkws erklärte er den Kollegen und Bekannten mit der Lüge, er habe geerbt oder im Lotto gewonnen.

›Jetzt sehe ich ein, daß man sich auf diese Weise kein glückliches Leben schaffen kann‹, stellte Ralf Dierhagen vor dem Bezirksgericht Leipzig zwar weniger selbstbewußt, aber selbstkritisch fest. Späte Einsicht, aber richtig. Übrigens konnten etliche Wertsachen bei D. beschlagnahmt werden; der Shiguli wird eingezogen. Durch seine schamlose Bereicherungssucht, seine Betrügereien und Urkundenfälschungen zum Nachteil des sozialistischen Eigentums, seine Diebstahlshandlungen usw. erwartet ihn – neben der Verpflichtung zum Schadenersatz – eine neunjährige Freiheitsstrafe.«

Im Strafvollzug zeigt Ralf Dierhagen *angemessenes Verhalten*, gibt keinen Grund zur Klage, keine Disziplinarmaßnahmen werden über ihn verhängt. »Im Führungsbericht der Strafvollzugseinrichtung wird dargelegt, daß der Verurteilte sehr gute Arbeitsleistungen vollbringt und stets bereit ist, zusätzliche Aufgaben eigenverantwortlich zu lösen. Er übermittelte sein fachliches Wissen an andere Strafgefangene und half ihnen, sich die für einen Werkzeugmacher erforderlichen Fertigkeiten anzueignen. Der Verurteilte konnte wiederholt ausgezeichnet werden. Sein Gesamtverhalten gab keinen Anlaß zu Beanstandungen. Er war bemüht, entsprechend seiner Möglichkeiten (Verdienst, Prämierungen) Zahlungen zur Wiedergutmachung des Schadens zu leisten. Bislang wurden 4.867,– M an die Geschädigten überwiesen. Da die gesetzlichen Voraussetzungen für eine Strafaussetzung auf Bewährung im Sinne von § 349 StPO vorliegen beantrage ich,

1 die Strafe des Verurteilten unter Auferlegung einer Bewährungszeit von 5 Jahren auszusetzen, die Entlassung sollte Ende Juni 1986 erfolgen,

2 gem. § 45 (3) Ziff. 2 StGB den durch die Straftat angerichteten Schaden wiedergutzumachen.

Staatsanwalt«

Der Entlassungstermin von Ralf Dierhagen wird auf den 26. Juni 1986 festgesetzt.

Frankfurter Bub küsst Dornröschen

Stadtpaläste, topsaniert und in 1a-Lage

»Viele wahre und unwahre Geschichten ranken sich um meine Person. Der publizistische Wirbel um den Fall Schneider hinterließ zahllose offene Fragen. Für die einen bin ich der betrügerische Pleitier in Nadelstreifen, der auf Kosten unschuldiger Handwerker seine Eitelkeit befriedigt, manche halten mich für einen modernen Robin Hood, der bröckelnde Kulturdenkmäler mit Bankengeldern rettete, wieder anderen gelte ich als Schelm, der den heiligsten Institutionen unserer Gesellschaft einen Spiegel vorhielt. Alle Bilder entsprechen nicht ganz den Tatsachen, aber an allen ist ein Körnchen Wahrheit. Offenbar fällt es meinen Mitmenschen nicht leicht, meinen Lebensweg zu verstehen – für die meisten bin ich der Frankfurter Bub, ein halbes Fabelwesen.«

Dr. Jürgen Schneider bleibt in Leipzig Gesprächsstoff und ist unvergessen als Bauherr, Hausbesitzer und Pleitier. Ein Wandgemälde in *Auerbachs Keller* portraitiert den *Frankfurter Bub* als Mephistopheles mit Narrenkappe, rotgewandet. Manch Bewohner in der Stadt wünscht ihn auch heute noch hinter Gittern zu sehen. Wieder andere möchten ihm als Visionär und Heilsbringer Leipzigs nach der Wende gern die Ehrenbürgerwürde verleihen. Denn »dieser Mann hat viel Gutes für uns getan!«. Ämter und Kommissionen lehnten den Vorschlag bislang ab. Die angelegentlichen Diskussionen dauern an. Zweifellos hat Dr. Jürgen Schneider in Leipzig Spuren hinterlassen. Zehn Prozent der Innenstadt waren seiner Immobiliengesellschaft Eigen. Ruinen kaufte er, Schmuckstücke hat er daraus gemacht. Die glänzen auch heute. Liebe auf den ersten Unternehmerblick: »An einem strahlenden Sonnentag im Oktober 1990 besuchte ich die Altstadt von Leipzig. Hier, im inneren Ring der traditionsreichen Messestadt, lag eine bauliche Schönheit im Dornröschenschlaf, und ich war der Prinz, der sie wachküssen wollte und konnte. Ich wollte der Stadt das Gesicht zurückgeben, das ihre Bürger verdienten. Wie ich später durch eine in Auftrag gegebene Stammbaumexpertise erfuhr, kam meine Liebe zur Stadt nicht von ungefähr, denn die Ahnen meines Urgroßvaters Kunz stammten aus dem Leipziger Raum.« Bis heute preisen Städteführer die Bauten, die einst dem Tycoon Schneider gehörten: *Mädler-Passage, Barthels Hof, Romanushaus* u. v. a. Sichtbare Pracht alter Stadtarchitektur. Die Vorher-Nachher-Bilder beeindrucken.

Der Konkurs von Schneiders Bauunternehmen schockte. Die Flucht des Immobilisten um den Erdball war Spektakel und eine Medienhatz. Der Strafprozess machte Schlagzeilen und legte unliebsame, aber funktionierende Mechanismen bloß. Denn: »Eines hatte Dr. Jürgen Schneider erkannt wie wenige andere vor ihm, den Hauptmann von Köpenick vielleicht ausgenommen; er hat es bei seinen Geschäften angewendet und perfektioniert: daß in unserer Gesellschaft im allgemeinen und bei den Banken im besonderen Schein vor Sein geht. Je mehr man zu sein und vor allem zu haben scheint, um so respektvoller und entgegenkommender wird man behandelt. Wer nur kleine Beträge ausleihen will und kann, wird durchleuchtet bis aufs Hemd. Wer Millionensummen fordert und den Eindruck erweckt, schon Milliardensummen zu besitzen, der kriegt das Geld nachgetragen, auch wenn keiner seine Vermögenslage je ernsthaft nachgeprüft hat. Das ist der schlechte, aber wohl zutreffende Eindruck, den das Bankenverhalten gegenüber Dr. Schneider in der Öffentlichkeit hinterlassen hat. Und so ist der Fall Schneider auch eine Parabel für unsere Gesellschaft.«

Nicht nur der Richter im Prozess fragt sich: »Wer ist dieser Dr. Jürgen Schneider? Ein über alle Maßen raffinierter, abgebrühter Großbetrüger von Profession? So begabt und skrupellos, daß kein erfahrener und deshalb hochbezahlter Bankvorstand seine Absichten durchschauen konnte? Ein Robin Hood des Immobiliengewerbes, der es den Reichen nimmt, um es den Armen in Gestalt der Bevölkerung, gewandelt in historische Prachtbauten, zurückzugeben?«

Der Richter versucht eine Antwort: »Nein, keineswegs, nichts von beiden. Sicher, er hat sich wegen Betruges in großem Stil strafbar gemacht. Und sicher hat er dies sehr geschickt und planvoll getan. Aber wir haben uns doch in der vierzigtägigen Verhandlung einen Eindruck davon machen können, daß wir hier einen zwar auf seinem Bausektor begabten, aber in seiner Charakterstruktur und Mentalität durch und durch schlichten Mann vor uns haben, einen, wie er sich gern bezeichnet, *Frankfurter Bub*, der nicht die Kriminalität zu seinem Metier gemacht hat, sondern am liebsten, einem altmodischem Heimatbild folgend, seine geliebten Taunuswälder mit Wehmut im Herzen und einer Träne im Auge beschreibt und sein Familienidyll larmoyant in den Himmel hebt. Einen Mann, der eine glaubhafte Obsession für alte, schöne Häuser hat, die er in einer Art Sammelmanie besitzen und behalten will, auch wenn es sich nicht im mindesten rechnet – dies allerdings zur Mehrung seines eigenen Ansehens und Vermögens und nicht im altruistischen Öffentlichkeitsinteresse.«

Utz Jürgen Schneider wird am 30. April 1934 geboren. »Die Eltern wohnten in Frankfurt Griesheim im Erdgeschoß eines schlichten dreistöckigen Etagenhauses, das den Farbwerken Hoechst gehörte. Mein Vater arbeitete dort als Entwicklungsingenieur im Bereich Schweißtechnik. Sein Hobby war der Garten mit dem Goldfischteich, Rosenrabatten, Erdbeerbeten, kunstvoll angelegten Steinterrassen und vielen Obstbäumen. Er hatte grüne Eidechsen ausgesetzt, die sich munter vermehrten. Sobald ich krabbeln konnte, verfolgte ich sie mit kindlicher Begeisterung. Oft hielt ich ihre zappelnden Schwänze erstaunt in der Hand, während die Echsen ohne ihr Hinterteil davonhuschten.«

Vater Richard Schneider avancierte in der Wirtschaftswunderzeit zum erfolgreichen Bauunternehmer. Es fiel dem Jungen schwer, sich vom Vater zu emanzipieren. Zeitlebens wird sich Jürgen Schneider an ihm reiben. Kriegskindheit, Schule, Abitur und Praktikum in Vaters Baugewerbe. »Die Wahl des Studienfaches war keine Angelegenheit der persönlichen Neigung, sondern Teil des familiären Pflichtprogramms. Daß ich das Recht auf Selbstverwirklichung haben könnte, kam mir nicht einmal in den Sinn.« Bauingenieur war erstrebtes Berufsziel. Die Karriere ohne Diskussion im väterlichen Unternehmen vorgegeben. Wie der Vater studierte Jürgen an der Technischen Universität Darmstadt (wo Richard Schneider späterhin zum Dozent und Ehrensenator ernannt wurde). Wie der Vater wurde Jürgen Mitglied im Corps Hassia und schlug sich in der Verbindung gut. Der Vater gab dem Sohne nach erfolgreich verteidigter Dissertation in Staatswissenschaften an der Uni Graz anspruchsvolle Arbeit in seinem Unternehmen. Doch waren für den Junior die Anforderungen ungleich höher als für die Kollegen in gleicher Position. »Als Chefsohn hatte ich in der Firma viel zu leiden.« Vaters Kritik folgte jeder eigenverantwortlich von Sohne getroffenen Entscheidung.

Auch die Schwiegertochter musste gewissen Maßstäben genügen. »Nachdem mein Vater sich durch diskrete Erkundigungen vergewissert hatte, daß Claudia aus gutem Hause stammte, war er beruhigt und fand sogar Worte des Lobs für meine gute Wahl.« Zwei Kinder werden den Eheleuten geboren. Im Unternehmen hielt den Sohn die Perspektive, es nach Richard Schneiders Ausscheiden zu übernehmen. Doch als er endlich vom Senior zum Geschäftsführer ernannt wurde, »stellte sich heraus, daß er keinesfalls ans

Abtreten dachte. Er redete mir mehr denn je ins alltägliche Geschäft hinein«. So arbeitete Jürgen Schneider neben seiner Tätigkeit im Betrieb des Vaters an Nebenaufträgen und gründete 1978 mit einem Freund seine eigene Baugesellschaft. Der familiäre Machtkampf zwischen den Generationen brach nun offen aus. »Am 1. März 1981 legte ich ihm meine schriftliche Kündigung als Geschäftsführer auf den Schreibtisch, wirksam zum Ende des Monats. Damit war die Bombe geplatzt. Ich hatte mich gewehrt – endlich, im reifen Mannesalter von siebenundvierzig Jahren.« Der Vater legte ihm alle Steine in den Weg, die er dahin rollen konnte. Richard Schneider sprach mit Banken, Auftragnehmern, Konkurrenten, tat alles, um den Sohn zu schädigen.

Doch der geschäftliche Erfolg des Jungen kommt unerwartet schnell, und schnell macht sich Dr. Jürgen Schneider in der Branche wie bei den Behörden einen guten Namen. Bereits mit dem ersten Großprojekt 1982, dem *Goldenen Kreuz* in Baden-Baden, findet er seine Berufung: Erwerb heruntergekommener architektonisch wertvoller Gebäude in bester Innenstadtlage, deren wertige Restaurierung und Modernisierung auf neuestem Standard. Der Denkmalschutz ist begeistert, die Presse beeindruckt: »Ein Dr. Schneider aus Königstein im Taunus, den der stellvertretende Vorsitzende des Baukunstbeirats als *offensichtlich ziemlich kunstsinnigen Mann* einschätzt, will in privater Regie das ungewöhnliche Projekt verwirklichen. Unklar sind auch die Baukosten, doch scheint jener Dr. Schneider, der hier dem Vernehmen nach für sich und seine Frau eine Altersvorsorge schaffen will, das Wort *Finanzierungsprobleme* gar nicht zu kennen.« Weitere Investitionen folgen in Frankfurt, München und Berlin. Schneider schart einen Mitarbeiterstab um sich, dem er vertraut und den er durch außergewöhnlich hohe Löhne im Betrieb hält. Und in seinem Heimatort, Königstein im Taunus, erwirbt Dr. Jürgen Schneider als Firmensitz *sein Schlösschen*: beste Lage, höchstwertig saniert, beeindruckend. Eine Einladung in diese Residenz gilt als Ritterschlag. Man schlägt sich drum.

Jürgen Schneider wird zu einem Mann, »der wie ein Berserker, ein Workaholic, arbeitet und sich so gut wie nichts von dem gönnt, was andre mit den ihnen so zur Verfügung stehenden Millionen machen – keinen Golfclub, keine Yachten, Flugzeuge oder Rolls-Royce, noch nicht einmal Urlaube in Acapulco. Einem Mann, der eitel ist, stets sehr gepflegt, mit vielen Toupets und dezent gut gekleidet, und ungewöhnlich viel Wert legt auf die Anerkennung durch seine Umwelt. Noch im letzten Wort (bei der Gerichtsverhandlung) war ihm die Hoffnung auf Wiederaufnahme in die Gesellschaft offenbar das wichtigste. Und der all das, mit dem er sich so deutlich umgeben hat – Promotion, Schloß, historischer Hausbesitz, Mitarbeiterstab, Stiftung und offenbar auch die hohen Kontostände –, vor allen Dingen deshalb braucht, um sich diese ungemein wichtige Anerkennung zu verschaffen.

Das läßt sich nur vor seinem familiären Hintergrund verstehen. Utz Jürgen Schneider hatte die wichtigsten Jahre seines Lebens über damit fertig zu werden, daß sein preußisch strenger Vater, der Herr Senator, ihn unter seiner Fuchtel hatte, ihn in der familiären Firma kujonierte, vor den anderen Mitarbeitern zurücksetzte und erniedrigte, weil er nichts von ihm hielt. Welche Gründe dies hatte, wissen wir nicht. Aber man stelle sich mal einen Vater vor, der, wenn sein Sohn, in einem Alter, wo andere schon langsam an ihre Rente denken, sich endlich geschäftlich auf eigene Füße stellen will, seine Banken anruft und ihnen nahelegt, seinem Sohn keine Kredite zu geben. Einem solchen Vater mußte der Angeklagte einfach beweisen, daß er es auch alleine schafft, wirtschaftlichen Erfolg und allgemeine Wertschätzung zu erringen. Ein Scheitern hätte für ihn eine menschliche Katastrophe bedeutet; den Beweis, daß sein Vater doch rechte hatte, daß er unfähig war.« Schneiders Name wird zum Markenzeichen. Die Investitionssummen steigen, steigen in Millionen- und Milliardenhöhe.

Bei der Finanzierung seiner Bauvorhaben hat Dr. Jürgen Schneider eigene Regeln. Er fordert mehr Kredit als nötig und hat dadurch Reservemittel. *Frostgeldkasse* nennt er dieses Schwarzgeldkonto. »Meine Angebote waren kompromißlos: Ich verlangte innerhalb einer engen Frist die volle, von mir selbst ermittelte Summe X als Bedingung für das Zustandekommen des Kreditgeschäfts. Stieg die Bank ein, war ihr das Geschäft ohne Konkurrenzanfrage sofort sicher. Bei der kleinsten Abweichung drohte ich mit der Konkurrenz – für die Bank ging es um *alles oder nichts*. Sobald die Bank eine Grundbucheintragung für das betreffende Objekt und damit die Verfügung über dasselbe erwirkt hätte, wäre sonst mir unvermittelt die Rolle des Bittstellers zugefallen, etwa, wenn unerwartete Schwierigkeiten in der Bauphase eine höhere Kreditsumme auf das Objekt erfordert hätten. Ohne ihren Segen hätte ich dann nicht einmal mehr eine weitere Bank zur Nachfinanzierung einschalten können; und wenn die Sache in die Hose ginge, hätte sich die Bank ohnehin das gesamte Objekt genommen, egal, wie hoch die noch ausstehende Restschuld gewesen wäre, und die stillen Objektsicherheiten – in Form der Objektpotentiale beziehungsweise Entwicklungswerte – obendrein abkassiert. Wer in einer solchen Situation Zeit und Geld zum Prozessieren hat, wird von einem Hornissenschwarm gewiefter Bankanwälte überfallen. So kundenfeindlich sind die Geschäftsbedingungen zum Teil bis heute.

Die neue Methode bot obendrein den Vorteil, daß ich bei den Baukosten die tatsächlich ausgezahlten Summen ausschöpfen konnte und nicht bei der Qualität aufs Sparen angewiesen war – die *Frostgeldkasse* wurde gleich zu Beginn eines neuen Projektes aufgefüllt. Außerdem war es im Konfliktfall die Bank, die hätte prozessieren müssen, um das

Geld von meinem Konto doch bei einer fremden Bank zu-rückzuholen.

Dafür mußte der erste Schuß sitzen. Meine Angebote galten exklusiv für eine bestimmte Anzahl von Wochen; hatte es bis dahin keinen positiven Entscheid seitens der Bank gegeben, wollte ich zur Konkurrenz gehen. Meine kühn ausgesprochenen Drohungen mußte ich allerdings selten wahr machen; ich bekam in der Regel die Summe, die ich haben wollte. Getrieben von Ehrgeiz, Gier und Eitelkeit, setzten die betreffenden Bankenvertreter Himmel und Hölle in Bewegung, um mögliche Widerstände gegen das Zustandekommen des Vertrags aus dem Weg zu räumen. Sie mußten die Maschen des hausinternen Kontrollnetzes bis aufs äußerste strapazieren und das Procedere extrem beschleunigen, um meine Bedingungen zu erfüllen. In einigen Fällen wären Verträge fast an der üblichen hausinternen Bestimmung gescheitert, daß nur gezahlte Kosten eines Projekts finanziert werden dürfen. Der Entwicklungswert war zwar nachgewiesen vorhanden, aber es gab keine Kostenbelege in entsprechender Höhe. Der Wortlaut des Hypothekenbankgesetzes verlangt diese Belege nicht; dort heißt es sinnvollerweise, für die Wertermittlung eines zu kreditierenden Objektes seien ortsübliche Mieten und ortsübliche Kosten für vergleichbare Projekte ausschlaggebend. Denn schließlich können ungerechtfertigte Kosten dadurch entstehen, daß Käufer übers Ohr gehauen wurden. Vorgelegte Mietverträge sind ebensowenig eine Garantie dafür, daß entsprechende Zahlungen dauerhaft geleistet werden. Das Zahlenwerk, auf dem die von mir angenommenen Werte beruhten, orientierte sich zwar an der vom Hypothekenbankgesetz geforderten Ortsüblichkeit, aber ich hatte dafür keine entsprechenden exakten Belege, denn die ortsüblichen anerkannten Werte für Mieten und Baukosten bewegten sich nun mal in beträchtlichen Bandbreiten. Meine Überlegung war stets: Nimmt die Bank meine nachvollziehbar aufgeschlüsselten

Zahlen an – schließlich beschäftigte sie zur gewissenhaften Prüfung ein Heer von exzellenten Spezialisten –, sitzt sie mit im unternehmerischen Boot und teilt mein Risiko. Jeder hat Pflichten: Ich baue und vermiete, die Bank leiht mir das Geld anderer und kontrolliert den künftigen Gegenwert, und jeder zieht aus dem Erfolg Erträge: Die Bank kassiert Zinsen, und ich gewinne, was mir nach Schuldentilgung übrigbleibt. Allerdings erkannte ich, daß mir Äußerlichkeiten wie eigenes Image und Auftreten, Objektmythen (»Traumgebäude in bester Lage«) und ihre Papierpräsentation, die Größe der Gebäude und der Summen auf den Festgeldkonten im Verhandlungspoker mit den Banken ungeahnte Vorteile brachten. Mit diesem Wissen konnte ich mein Wachstum und die Träume im Denkmalschutz finanzieren.«

Einen Maßnahmeplan, der die Kreditgewährung enorm erleichtert, hat *der alte Jungunternehmer* gleich nach dem ersten Großprojekt erstellt, denn bereits bei den nachfolgenden Projekten kommen dem Investor Liquiditätsbedenken. Mit seriösen Angaben sind Pläne und Bauarbeiten der großartigen Kulturvorhaben nicht zu finanzieren. Der Kreditnehmer muss lügen, um zu überzeugen. Das System des Dr. Jürgen Schneider gegenüber potentiellen Geldgebern, den Banken, wird erkennbar. Bereits im Jahre 1986 notiert er die Eckpunkte seines Betrugsplans auf einem Schmierzettel, der im Prozess für ihn zur Belastung wird:

»Mein Engpaß kommt, wenn überhaupt, nach fünf bis sechs Jahren – ... Hauptmotto: Absicherung. Banken schröpfen, wo es nur geht und so schnell es nur geht: ich kann Mieten mogeln ... Ich kann Mieten auch noch höher mogeln und dabei Geld holen. – Bank FiB (Finanzierungsbank), alles optimal hochlügen, FiB finanziert alle Unkosten ... alle Risiken. System: FiB hoch: Grundlage für alles.

1 Quadratmeter ausmotzen, übertreiben mit KG [Kellergeschoss] und Treppenhaus: Nutzflächen DG [Dachgeschoss] auch.

2 Mieten: nicht im Quadratmeterpreis zu hoch, lieber niedriger.

3 Läden einbauen: Kierkegaard und Empore; Café, Restaurants, unmögliche Ladenflächen: hohe Quadratmeter, aber niedrige Mieten

4 Luxusausstattung beschreiben – höchstwertig

5 Mieten belegen: Nachbarschaft, Angebote zinken, Maklerbestätigung, CIP [zwischengeschaltete Briefkastenfirma] …, Altmieten: Lügen

6 CIP = Anmieter hoch

7 Baukosten superhoch trimmen: damit ich Geld bekomme

8 Muß nach Modell Möll [Kreditvermittler der Deutschen Bank] auch Eigenkap. reinstecken 15%, sonst bekomme ich es nicht

9 Erster Rang 60 % voll: so daß II. Rang bleibt

10 Baumasse viel: nicht Abstützung gut für Eigenleistung und Räumung! Gut: Fassade; Aufzüge; Klima, Zählungen, Außenanlagen; alles was Wert anhebt

11 Konkurrenzangebote: viele: sagen!!

12 Zeigen, daß ich Geld selbst habe: bar

13 Miete hoch für etwas, was sie nicht beurteilen können

14 Rechenfehler bei den Quadratmetern: da Bank faul!: soll es doch merken.

15 Maas [Baugutachter]: stempelt: die Quadratmeter oder Clausnitzer [Baugutachter] stempelt die Quadratmeter [die falschen Quadratmeter]

16 Stutz [Baugutachter] macht auch was!!!

17 Maas trimmt Quadratmeter umb. Raum und die Quadratmeternutzflächen superhoch (macht kompl. Detailberechnung) und Clausnitzer unterschreibt Büro für Bauabrechnungen gut

18 Supergepflegte Vermögensaufstellung

19 Einfach Grundstücksankauf teurer machen!!: das finanziert Bank am liebsten, »ist später noch mal runterge-

handelt worden«, gut: oder: habe Betrag schwarz bezahlt: Sonderkosten

20 Keller auch vermieten auf dem Papier
21 Außenparkplätze auch vermieten
22 Ev. bei Fi-antrag ein Geschoß mehr: wenn weniger, merken die doch nicht
23 CIP kauft und verkauft es an mich weiter, 2 % sind weg, aber Preis ist hoch!!: die Fi-Mio. ziehe ich CIP ab, dann beleihen die lieber 4 Mio: 2 %: 80.000«

Das Modell funktioniert, es funktioniert sehr gut. Schneiders Unternehmen wächst und zieht in vielen deutschen Städten alte Gebäude modern hoch. Beste Qualität und kulturelle Errungenschaft. Lob und Arbeitsende sind in der Bundesrepublik nicht abzusehen.

Dann eröffnet die europäische Geschichte Dr. Schneider neue Perspektiven. »Schon beim Zusammenbruch des kommunistischen Blocks hatte ich die Fühler nach Osten ausgestreckt.« In Budapest plant er als Großinvestor. Doch während der Verhandlungen in Ungarn fällt in Berlin die innerdeutsche Mauer. Dr. Jürgen Schneider fährt als heimischer Investor auf Entdeckertour in den Osten Deutschlands. Empfunden als Akt seiner staatsbürgerlichen Pflicht. Der Mann vom Bau ist erschüttert ob des Zustandes der dortigen Häuser. Er sieht die Möglichkeiten. An deren Erschließung zweifelt er nicht.

Der bauliche Zustand der DDR in ihren letzten Jahren war katastrophal, zumal in Leipzig. *Unser Weg ist richtig!,* meinte trotzdem die DDR-Staatsführung und pries ihre Erfolge aller Wege, goss diese gern in leicht verständliche Slogans. *Der Sozialismus siecht!,* sprachen nicht nur Sachsen angesichts der Realität. Ganze Viertel im Arbeiter-und-Bauern-Staat glichen auch nach *30 Jahren DDR – 30 Jahren Aufbau* einer Nachkriegslandschaft. Putz bröckelte. In Spalten wuchsen

Gras und Unkraut. Nur wenige Fenster waren blind, fast alle geputzt. Aus den Schornsteinen qualmte Rauch. Die Ruinen waren bewohnt.

Der Baufälligkeit und des Verfalls der alten Häuser war sich die Regierung der DDR durchaus bewusst und initiierte Mitte der 1980er für die Altbausubstanz die Aktion *Dächer dicht!*. Dabei sollten frustrierte Mieter in Eigeninitiative Schutzmaßnahmen ergreifen, um Regenwasser und andere Unbill nicht in ihre Wohnungen zu lassen. Das entbehrte nicht der Ironie, denn laut Berufsabschlusszeugnis war der DDR-Staatschef Dachdecker. Und obwohl der Zustand vieler Bauten in der Messestadt sichtlich ruinös war, hatte Erich Honecker, *unser Dr. Dach,* Leipzig bereits als Austragungsort der Olympischen Spiele des Jahres 2000 vorgesehen. Worauf die Leipziger nur meinten: *Stadt abreißen – neubauen!*

Westdeutsche Presse beschrieb den Ist-Zustand anlässlich der Herbstmesse 1989 so: »Ganze Stadtteile sind vom Verfall bedroht. Für die Sanierung fehlen Baumaterialien, Facharbeiter und Geld. Die Leipziger, die hier ausharren müssen, haben resigniert. *Ruinen schaffen ohne Waffen*, bewitzeln sie den Niedergang ihrer Stadt. Sozialistischer Fortschritt ist nicht einmal eine Schnecke: Rückwärts geht es hier entschieden schneller. Der Propaganda-Apparat ignoriert den real existierenden Zustand der Stadt. Ändern wird sich so schnell kaum etwas, weder beim Ausbau des Verkehrsnetzes noch bei der Erhaltung der Bausubstanz. Sicher, die Innenstadt rund um den Markt wird notdürftig herausgeputzt. Einkaufsgassen wie die *Mädler-Passage* bekommen mehr Farbe, das moderne *Gewandhaus* gilt auch international als architektonisches Glanzstück einer Konzertstätte. *Auerbachs Keller*, durch Goethes *Faust* berühmt, strahlt noch ein bißchen altes Leipziger Flair aus. Doch damit sind die besseren Seiten der mit 570.000 Einwohnern zweitgrößten Stadt der DDR schon nahezu vollständig aufgezählt.«

Die Messemetropole galt zu den Zeiten zweier Weltsysteme als wichtigster Ost-West-Handelsplatz, doch machte sich die Mangelwirtschaft und die Abwanderung Zehntausender im Sommer 1989 über Ungarn weg in die Freiheit spürbar bemerkbar. Das Land blutete im vierzigsten Jahr seiner Existenz aus. Die Staatsführung weinte ihren Landeskindern *keine Träne nach* und verlor letzte Sympathiepunkte. Sie log medial und offensichtlich und schuf sich *die Welt, widewide wie sie ihr gefällt.* Das Lied der Pippi Langstrumpf wird auch heute gern politisch zitiert.

»Die Klagen von Besuchern und Ausstellern der Leipziger Messe über allerlei Mißlichkeiten aber nehmen zu. Sie mokieren sich über das zerbröckelnde Stadtbild, über den Geruch naher Chemiewerke und die Rauchschwaden aus Braunkohleschloten. Sie beschweren sich über Unterkünfte und Gastronomie, über den Zustand der Straßen und öffentlichen Verkehrsmittel wie über die Sicherheit der Messehallen. Das feine Valuta-Großhotel *Merkur* reicht bei weitem nicht, um auch nur die angereisten Spitzenmanager aus dem Westen unterzubringen. Behausungen wie das heruntergekommene *Parkhotel,* wo vorzugsweise drittrangige Messebesucher aus dem Ostblock und Westjournalisten untergebracht werden, gelten selbst anspruchslosen Gästen als Horrorvision einer Herberge. Mancher Manager, der daheim im *Steigenberger* oder *Kempinski* abzusteigen pflegt, findet sich im Vierbettzimmer eines zum ›Messehotel‹ umfunktionierten tristen Studentenheims wieder, das er dann zum Preis von 80 Mark West allein nutzen darf. Dusche und Toilette allerdings müssen sich in solchen Unterkünften ein Dutzend und mehr Gäste teilen. Das frustet. Beschwerden wird mit sächsischem Charme begegnet. ›Mir gännen doch och nischt dafür‹, bedauert die Dame an der Not-Rezeption des zum Hotel umgerüsteten Wohnheims Philip-Rosenthal-Straße verlegen lächelnd. ›Aber wo gänn' Se denn schon für 80 Mark in vier Betten gleichzeitig schlafen?‹«

Es dauerte nach der Messe '89 noch wenige Tage, da zogen

Tausende Leipziger über den Stadtring und sangen *Die Internationale.* »Es rettet uns kein höh'res Wesen, / kein Gott, kein Kaiser noch Tribun / Uns aus dem Elend zu erlösen / können wir nur selber tun!« Man forderte *ein offenes Land mit freien Bürgern.* Am 9. Oktober 1989 ließ die altersschwache Berliner Regierungsriege nicht auf die gewaltige Menge der Demonstranten schießen. Heimlich filmten Siegbert Schefke und Aram Radomski vom Turm der Reformierten Kirche diese entscheidende Demo, und ein *Spiegel*-Journalist schmuggelte die Aufnahmen zum Westberliner Sender SFB. In der »Tagesschau« des folgenden Tages sah man den Zug der 80.000 um den Leipziger Ring, vorbei an Oper, *Goldener Kugel, Fürstenhof, Blauem Wunder* und *Blechbüchse.* Die Unruhen in der DDR, sie wurden öffentlich. Nach der *Runden Ecke* skandierten die Demonstranten: *Wir sind das Volk!* Der Slogan wandelte sich: *Wir sind ein Volk!*

Kein Jahr später traten die fünf neuen Länder nach Artikel 23 dem Geltungsbereich des Grundgesetzes der Bundesrepublik Deutschland bei: »Dieses Grundgesetz gilt zunächst im Gebiete der Länder Baden, Bayern, Bremen, Groß-Berlin, Hamburg, Hessen, Niedersachsen, Nordrhein-Westfalen, Rheinland-Pfalz, Schleswig-Holstein, Württemberg-Baden und Württemberg-Hohenzollern. In anderen Teilen Deutschlands ist es nach deren Beitritt in Kraft zu setzen.«

Goldgräberstimmung herrschte bei der Abwicklung des *ersten sozialistischen Staates auf deutschem Boden.* Politiker sahen blühende Landschaften voraus. Ostdeutsche Industrie ging Pleite. Millionen verloren ihre Arbeit. Einkaufshallen und Bürocontainer setzte man aufs freie Feld. Alteigentümer stellten Restitutionsansprüche. *Rückgabe vor Entschädigung* war Handlungsmaxime. *Auferstanden aus Ruinen* war Sinnbild fürs Sanieren. »Für die vielen Altbauten in Ostdeutschland war die deutsche Wiedervereinigung ein Glücksfall. In den Jahren nach 1990 wurden Milliarden D-Mark und Euro investiert, um die marode Bausubstanz wieder instand zu setzen. Es entstanden Innenstädte wie aus dem Bilderbuch: Leuchtende Fassadenlandschaften und herausgeputzte Marktplätze.« In der Aufbruchsstimmung dieser neuen Gründerzeit reist der Bauunternehmer Dr. Utz Jürgen Schneider in die Stadt der Gründerzeit: Leipzig.

1824 brauchte man den Torgroschen beim Betreten der Städte nicht mehr zu zahlen, so bot auch das Wohnen in den Vorstädten und Dörfern nahe den Metropolen kaum noch Nachteile. Die Vorteile überwogen: Platz, Licht, Grün. 1850 lebten in Leipzig 63.000 Menschen, doppelt so viel wie 1814. Nach Reichsgründung 1871 und fortschreitender Industrialisierung zählte man um 1900 eine halbe Million Einwohner. 720.000 waren es 1930. Die Stadt musste sich erweitern, bauen, neu erfinden. Man riss viele der überkommenen Häuser ab. Denn »mit den baulichen Standards der Altbauten waren die Erfordernisse der neuen Zeit kaum vereinbar. Helle, moderne und großzügige Ensembles waren gefragt und keine düsteren, dem einstigen Platzmangel entsprungenen Relikte. Wieder andere Gebäude mussten weichen, weil die altehrwürdige Infrastruktur, nicht mehr zu den Erfordernissen passte. Die Aufweitung, insbesondere der nur vier bis fünf Meter schmalen Gässchen wurde als unabdingbar angesehen. All dies führte dazu, dass 1914 nur etwas mehr als ein Drittel aller innerstädtischen Bauten älter als fünfzig Jahre war, am Ring waren gar nahezu alle Altbauten verschwunden.« So entstanden neue Stadtviertel, deren Straßen mit dem Lineal gezogen waren. So entstand die moderne Innenstadt mit ihren Mustermessehäusern, Verwaltungsgebäuden, Wohnungen. Über Hugo Lichts *Neuem Rathaus* steht seit 1905 *Arx nova surrexit* – eine neue Burg ist entstanden.

Dr. Jürgen Schneider ist von der Stadt Leipzig fasziniert. »Diese Puppenstube, die trotz Kriegsschäden noch in ihrer ursprünglichen Schönheit erkennbar war, schien mir mit ihren traditionellen Durchgangshöfen wie auserkoren, meine Vision von Kultur und Kommerz im Herzen der Stadt in die Tat umzusetzen. Was noch übrig war von der Substanz der alten Handelshäuser, die den Ruf Leipzigs als Messestadt begründet hatten, wollte ich in neuer Pracht erstrahlen lassen. Der Innenstadt drohte Gefahr, wenn wie andernorts Strategen der grünen Wiese zuschlugen und dem innerstädtischen Handel den Garaus machten. Meine Mannschaft hatte sich im Denkmalsschutz bereits bewährt, so daß die ganze Umgestaltung eines Stadtkerns genau die richtige Herausforderung bildete. Da über meine andern Objekte im Westen schon reichlich Kontakte zu potentiellen kommerziellen Mietern bestanden, war ich zudem sicher, die Objekte bei Fertigstellung voll vermieten zu können.

Der Wettlauf um die Zukunft hatte längst begonnen. Ich wollte möglichst viele Objekte unter meine Fittiche bringen und setzte dazu alle Hebel in Bewegung. Unter der Leitung von Bieberstein machte sich eine vielköpfige Mannschaft an die Arbeit, Registraturen zu durchforsten, Besitzer von Restitutionsansprüchen ausfindig zu machen und Verhandlungen mit den über alle Welt verstreuten meist jüdischen Erben zu führen. Im Gegensatz zum Westen gehörten viele der Leipziger Traditionshäuser noch den nachfolgenden Generationen ihrer Erbauer. Was in den Archiven ans Tageslicht kam, erschien mir wie die Geschichte der Seelenbewegungen, die ihre Besitzer mit den jeweiligen Gebäuden verbanden, und zugleich als Dokument der geschichtlichen Zwänge, an denen sie mitunter zerbrachen.«

Dr. Jürgen Schneider kauft und kauft und lenkt mit seiner Begeisterung Aufmerksamkeit auf diese Stadt und löst damit Investitionen weit über seine eigenen hinaus aus. Man spricht fortan von der *Boomtown L. E.* oder von *Hypezig*. Letztlich gehören Schneiders Firmenkonsortium mehr als zehn Prozent der 48 Hektar großen Innenstadt. Mehr als 60 Immobilien im Zentrum der Messestadt sind sein Eigen, u. a.:

Hotel Fürstenhof, Tröndlinring 9: Der heutige Hotelbau gründet auf dem im klassizistischen Stil errichteten Wohnhaus des Kaufmanns Eberhard Heinrich Löhr. 1889 begann der Umbau zum *Hotel Fürstenhof.* Seine endgültige Fassade erhielt das Gebäude 1913. Nach dem Zweiten Weltkrieg diente das Haus der 3. US-Army als Hauptquartier. In der DDR zählte es zur *Interhotel*-Kette, heute gehört es zur *Luxury-Collection.*

Haus zur Goldenen Kugel, Richard-Wagner-Straße 10: Büro- und Geschäftshaus am *Hallischen Tor,* 1905 eröffnet. Hervorragende Verkehrsanbindung. Bis 1989 im Erdgeschoss Selbstbedienungsgaststätte. Heute Residenz verschiedener Einzelhandelsfirmen und Asia-Restaurant.

Hainspitze, Hainstraße 21–33 / Große Fleischergasse 1–9: Die Wohn- und Geschäftshäuser wurden im Zweiten Weltkrieg zerstört. Nach der Enttrümmerung standen hier provisorische Kioske in Leichtbauweise. Das Areal sicherte sich Schneiders Firma über Scheinfirmen, das Bieterverfahren wurde abgebrochen. Fertigstellung des Neubaus: 2016.

Jägerhof, Hainstraße 17–19 Große Fleischergasse 11–13: Mustermessehaus, das durch drei gekachelte Lichthöfe die Hainstraße mit der Großen Fleischergasse verbindet. Abgeschlossen 1920. Die Fassade in der Hainstraße zeigt die typische Architektur der Vorkriegszeit 1914. Das *UT Hainstraße* war seit 1915 Erstaufführungstheater für Kinofilme, umgebaut zu den *Passage-Kinos.*

Barthels Hof / Webers Hof, Hainstraße 1–7: ältester erhaltener Leipziger Messehof von 1750 mit Barockfassade. Renaissancearchitektur mit hohen Dächern, im Erdgeschoss ehedem Ställe und Kaufkammern, in der 1. Etage Festsäle. Zu DDR-Zeit baupolizeilich gesperrt. Beim Umbau blieben nur Kellergewölbe und wenige Treppenhäuser erhalten. Die Fassade ist originalgetreu wiedererrichtet.

Großer Joachimsthal / Kretschmanns Hof, Hainstraße 10–14: zwei Passagen, die die Hainstraße mit der Katharinenstraße verbinden. Sie gehören zu den ältesten Durchgangshöfen in Leipzig und wurden von den Tuchhändlern genutzt. Nur noch die Fassaden sind Original der Gründerzeitbebauung. Noch nicht vollständig saniert.

Wünschmanns Hof, Dittrichring 18 – 20: 1908 vollendetes repräsentatives Geschäftshaus mit aufwendiger Jugendstil-Fassade am Leipziger Innenstadtring des Architekten Georg Wünschmann. Im Erdgeschoss befindet sich heute das Café *Telegraf*.

Trifugium, Barfußgäßchen 11–15: Ensemble dreier Gründerzeithäuser mit detailreicher Fassadengestaltung im Jugendstil. Die beiden Eckhäuser waren bis 1990 stark kriegsbeschädigt, die Ruine stand nur bis zum 1. Stockwerk.

Teehaus, Thomaskirchhof 11: aufwendiger Repräsentationsbau im Stil der Neorenaissance mit Blick auf die Thomaskirche. Es wurde bereits zu DDR-Zeiten als Teehaus betrieben und brannte nachwendig aus, Täter unbekannt. Heute bietet das Café u. a. das Traditionsgebäck *Leipziger Lerche* an.

Romanushaus, Katharinenstraße 21 / 23: Barockes Prachtgebäude, das Bürgermeister Franz Conrad Romanus 1701–1704 errichten ließ. Architekt: Johann Gregor Fuchs. Der Renovierung 1969 fiel historisches Interieur zum Opfer. Ort literarisch-musikalischer Salons, die Romanus' Tochter Christiana Mariana von Ziegler organisierte und Johann Sebastian Bach und Friedrich Schiller besuchten.

»Um das *Romanushaus*, das einige für das schönste Haus der Stadt halten, rankt sich eine Geschichte, von deren biographischen Bezügen ich nichts ahnte, als ich es zusammen mit den angrenzenden Barockhäusern in der Katharinenstraße erwarb, um es als Ensemble herrichten zu lassen. Sein Erbauer, der promovierte Jurist Franz Conrad Romanus, ging als berüchtigste Persönlichkeit seiner Zeit in die Leipziger Stadtgeschichte ein. Gegen den Willen des Leipziger

Rats von August dem Starken als Bürgermeister eingesetzt, pflegte er einen barocken Lebensstil in der reichen Messestadt, die schon Luther als ›Sitz des Geizes und des Wuchers‹ bezeichnet hatte. Zur Finanzierung des 1704 fertiggestellten Hauses reichten offenbar seine privaten Einkünfte nicht, so daß er nebenher tief ins Staatssäckel griff. Als seine Verfehlung aufflog und er die Gunst seines Schutzherren verloren hatte, wurde er zu lebenslanger Festungshaft verurteilt und saß die Strafe bis zu seinem Tode in Königstein (Ost) ab. Über Romanus schrieb 1928 der bekannte Architekturhistoriker Nikolaus Pevsner: ›Sein Haus aber steht in Leipzig als Denkmal der Kunstleidenschaft seines Erbauers und überdauert bei weitem die Kenntnis oder Mißbilligung der Mittel, die er zu seiner künstlerischen Tat anwandte. Für uns bleibt Romanus der Macher, der in Leipzig die Hochkunst der Baukunst herausführte und besessen genug vom *Bauwurm* seiner Zeit war, um sich selbst über diese Aufgabe zugrunde zu richten.‹ Vermutlich werden spirituell angehauchte Geister mich für seinen Wiedergänger halten.«

Die Emotionen sind positiv und gegenseitig. Leipzig ist begeistert vom Altruismus dieses Großinvestors. Und zweifellos verbessert Dr. Jürgen Schneiders Engagement das Image der Stadt. Es ist für die Metropole die gefühlte zweite Gründerzeit: Bagger, Gerüste, Baulärm, Bauarbeiter. »Das ist wie Musik in meinen Ohren. Baustellen, Kräne. Tag und Nacht das Dröhnen der Motoren, wunderbar. Wenn ich einen riesigen Kran auf einem Tieflader vorbeifahren sehe, bleibe ich wie bei einer kirchlichen Prozession voller Ehrfurcht und Staunen, mit einer fast heiligen Scheu stehen. Ich muß dann immer an das alte Ägypten denken, die Pyramiden. Siehst du, wie das elektrische Licht bei vollem Sonnenschein über der Stadt leuchtet? Für mich gibt es nichts Schöneres als diese künstliche Frische im Herzen der Hitze. Oh, wie mich das erregt. Diese kräftigen Burschen in ihren verdreckten Overalls. Ich werde ganz verrückt.«

Die Geschäfte des Dr. Jürgen Schneider laufen, und sie laufen noch besser, seit im Osten Investitionen möglich sind. Die Sanierung maroder Bausubstanz ist dringend nötig. Für manchen Stadtteil, manches Haus bringt das neue Wirtschaftssystem Rettung in letzter Minute vor dem Verfall. Dr. Jürgen Schneider hat die Zeichen der ostdeutschen Wirtschaftswunderzeit schnell gedeutet und weiß sie zu nutzten. Sein Firmengeflecht expandiert und damit die von ihm eingesetzten finanziellen Mittel. Die Deutsche Bank schätzt am 19. Juni 1992 in ihrer *Engagementsdarstellung* die Firma des Dr. Jürgen Schneider als die »vielleicht sogar schlagkräftigste, fähigste und kompetenteste Entwicklungsimmobiliengruppe Deutschlands« und bemerkt dabei, dass deren angegebenen Vermögenswerte »realistisch auf vorsichtiger Basis gerechnet« worden sind. »Wir haben Herrn Dr. Schneider von Anfang an als Hausbank begleitet und ihn *groß gemacht.* Seine Vermögenssituation verdankt er neben seinem Gespür für den Markt, seiner Tüchtigkeit und seinen ideenreichen Konzepten der hervorragenden begleitenden Kreditbereitschaft des Deutsche-Bank-Konzerns. Wir sind dabei bis heute ebenfalls nicht schlecht gefahren. Wir haben gute Objekte beliehen und einen treuen und bisher zufriedenen Kunden gefunden. Herrn Dr. Schneiders Wunsch ist es, die gute Zusammenarbeit mit uns fortzusetzen.«

Natürlich setzt Dr. Jürgen Schneider diese geldbringende Zusammenarbeit fort mit Folgen, die sich in Umsatz, Wert und Planung niederschlagen. »Die Kreditfinanzierung des Gesamtunternehmens Dr. Schneider stieg sehr schnell von 750 auf über 5.000 Millionen Mark an: 1990 wurden aus 750 Millionen am Ende 1.350 Millionen Mark. Bis Januar 1992, wiederum in zwölf Monaten, waren 2.500 Millionen Mark, ein Jahr später 3.800 Millionen Mark und mit Ablauf des Jahres 1993 schließlich 5.000 Millionen Mark.« Gerüchte werden öffentlich, ob solcher Investitionssummen auch den beliehenen Tatsachen entsprechen. Insider und andere

Beobachter halten dies für ausgeschlossen, wittern Betrug im größten Stil. Sie haben recht, denn genau nach seinem vorgefassten Plan hat Dr. Jürgen Schneider auch gelogen: *Quadratmeter ausmotzen, übertreiben. Baukosten superhoch trimmen. Miete hoch für etwas, was sie nicht beurteilen können.*

Schneider weiß um die Falschangaben, die sein Schneeballsystem erst möglich machen. Er finanziert seine Baustellen fortlaufend mit den Krediten des nächsten Immobilienkaufes. Doch das birgt Gefahr: Bröckelt ein Stein seines Lügengebäudes, fällt das Geschäftsmodell in sich zusammen. Es droht nicht nur der Ruin der eigenen Firma, sondern auch die der beauftragten Subunternehmer, Zulieferer und Handwerker. Vor allem: Es drohen staatsanwaltschaftliche Ermittlungen und Strafe. Schneider steht auf unsicherem Boden, doch sein Unternehmen läuft, sein Ruhm wächst ins Sagenhafte. Der Enthusiasmus dieser Aufbaujahre lässt die Banken an Schneiders Pläne und Dr. Schneider an sich selbst glauben. Geld spielt keine Rolle.

Aber dieser gründerzeitliche Immobilienboom mit Höchstgewinnen und steigenden Renditen, er kann nicht auf Dauer halten. Die Konjunktur schwächelt, sinkt. Banken misstrauen plötzlich sich und ihren guten Kunden. Schneiders gegebene Sicherheiten werden von ihnen neu bewertet. Die Banken kontrollieren ihr eigenes Kontrollsystem. Fehler werden offenbar und eingestanden. Und Jürgen Schneiders schöngeredete Perspektiven bei Quadratmetern und Mieten entlarven sich als aufgemotzte Lügen. Sein Geschäftsmodell gerät ins Wanken. Der Verkehrswert der von ihm aufgebauten Häuser und Geschäftspaläste sinkt erheblich, auf knapp ein Fünftel des von ihm in den Anträgen angegebenen. Das aufgeblasene Immobilienunternehmen des Dr. Jürgen Schneider ist plötzlich ein gigantisches Verlustgeschäft. Sein Kartenhaus, es bricht zusammen. Dr. Jürgen Schneider steht vor dem Ruin des eigenen Imperiums. Er weiß darum und sinniert, dass er lukrative Verkaufsangebote nie wahrgenommen hat.

»Das häßliche Gespenst der Überfinanzierung konnte natürlich erst vor dem Hintergrund des sich abzeichnenden Werteverfalls sichtbar werden. Solange die Gier den Markt regierte, konnte dieselbe Tatsache noch als realistische Prognose von Zukunftswerten durchgehen, in Zeiten aufkeimender Ängste vor dem Konjunkturabschwung aber kamen Vorsicht gegenüber Kundenangaben wieder in Mode, womöglich auch Mißtrauen gegenüber dem eigenen Prüfapparat. Die Zahlung der Differenz zwischen tatsächlich erlöster und Zielmiete über den üblichen Zeitraum für Mietgarantien von maximal fünf Jahren wäre zwar aus kurzfristigen Profitkalkül heraus attraktiv gewesen, weil ich das Objekt zum Fünfzehn- bis Achtzehnfachen der Jahresmiete hätte verkaufen können, aber ich wollte einem Käufer nicht etwas garantieren, was ich nicht überblicken konnte. Zudem hätte es nach Auslaufen der Garantie großen Ärger gegeben, wenn das Objekt bis dahin immer noch nicht *hochgefahren* wäre oder der Markt sich komplett gedreht hätte. Ein Verkauf zu diesen Bedingungen wäre mit unabsehbaren Rufrisiken verbunden gewesen und hätte mich zudem der Chance beraubt, von der Wertsteigerung des Objekts bei Erreichung der Zielmiete zu profitieren. Warum hätte ich ohne Not auf zweistellige Millionensummen verzichten sollen, wenn der Preis in nicht mehr als etwas Geduld bestand?« Dr. Jürgen Schneider verkauft nicht, hütet seine Bauten wie einst der berühmte Goldschmied Cardillac seine Juwelen. Sammlerleidenschaft.

Zeitungen berichten von Schieflagen bei Schneiders Geschäften. Die Zweifel mehren sich. Am 14. April 1994 eröffnet die Deutsche Bank das Insolvenzverfahren. In beängstigender Schnelle – nach kaum 70 Minuten – wird ihrem Antrag gerichtlich stattgegeben. Panik ergreift den Unternehmer. Er flieht beinah kopflos, doch nicht heimlich mit der Gattin nach Amerika. Windigen Helfern vertraut das Paar seine letzten Gelder an. Jürgen Schneider und Gattin Claudia bleiben monatelang verschwunden. In Deutschland derweil mehren sich über die beiden die Gerüchte: Von neuer Identität, Schwarzkonten und Selbstmord berichten Medien örtlich und überregional. Derweil nehmen sich die Banken, was ihnen laut Kreditvertrag nun gehört: Schneiders Preziosen, seine Häuser. Und die Geldgeber stellen ab sofort alle Zahlungen ein und lösen das Dominoprinzip der Geschäftskonkurse damit erst aus. Schneider Pleite treibt Handwerks- und Kleinbetriebe in den Ruin, die kämpfen verzweifelt um ihre Existenz.

Entgegen der Berichte meldet sich der per Haftbefehl Gesuchte in einer Video-Botschaft aus Miami. Eine Mediensensation und ein weiterer Eklat. Denn der TV-Auftritt erscheint als blanker Hohn gegenüber den erfolglosen Ermittlungsbehörden und den von Schneider abhängigen Unternehmen. Doch fühlt sich Dr. Jürgen Schneider missverstanden, und für die eingetretene Misere fühlt er sich nicht alleine schuldig. »Wir haben kein Verständnis dafür, daß große und wichtige Bauvorhaben nicht sofort weitergeführt wurden.« Schneiders Vorwurf: Für seine momentane Zahlungsunfähigkeit seien allein die Banken verantwortlich. Für mehr noch haben sie Verantwortung, denn dass die ihm vorgeworfenen Taten des Betrugs »nicht das Werk eines einzelnen sein können, sondern es hier der unfreiwilligen tatkräftigen, nicht uneigennützigen Mithilfe seitens der verschiedenen Banken bedurfte«, ist kaum zu leugnen.

Alle Geldinstitute wollten »an dem Boom, den der Angeklagte auslöste, mitverdienen und haben Dr. Jürgen Schneider die – ihnen auch nur anvertrauten – Millionen oftmals unter Mißachtung aller vorgeschriebenen oder bankenüblichen Sicherungsvorschriften auf reiner Vertrauensbasis zur Verfügung gestellt. Mißmanagement anstelle des immer wieder betonten *Risikomanagements* war bei allen hier beteiligten Kreditinstituten auf allen Stufen einschließlich der Vorstände anzutreffen, das nicht unerheblich – von Bank zu Bank unterschiedlich – zu dem Angeklagten zur Last zu legenden Ausmaß der in der bundesdeutschen Geschichte einmaligen Immobilienpleite beigetragen hat.«

Die Diskussionen zur Mitverantwortung der Banken laufen heiß. Die Geldinstitute und ihre Vorstände sehen sich zu Rechtfertigungen genötigt. In Eile berechnen sie ihr Engagement bei Schneider und ihre Verluste. Schleunigst geben sie zu den verlorenen Geldern und dem Betrug, dem sie zum Opfer gefallen sind, Statements ab.

Der Vorstandssprecher der Deutschen Bank Hilmar Kopper lässt ob des 50-Millionen-Verlustes seines Hauses vermelden: *Peanuts!* Allein die Verwendung dieses Wortes verursacht einen Skandal und avanciert zum Unwort des Jahres 1994. Die Jury begründet ihre Entscheidung damit, dass die Verluste, »die durch den Bankrott des Bau- und Immobilienkonzerns Schneider entstanden waren, von Kopper als *Peanuts*, also als unwichtige Größe, bezeichnet wurden. Da es sich dabei aber vor allem um Gelder handelte, die kleineren und mittleren Firmen für schon erbrachte Leistungen zustanden, war diese Qualifizierung außerordentlich zynisch, weil die Außenstände etliche Firmen an den Rand des Ruins brachten. Die Entschuldigung Koppers auf einer Aktionärsversammlung kann nicht darüber hinwegtäuschen, daß finanzielle Probleme, die für den Durchschnittsbürger existenzbedrohend wären, in Finanzkreisen und auch sonst gern als *Peanuts* abgetan werden, wobei zu bedenken ist, daß Banken zu einem wesentlichen Teil von geliehenem Geld, auch von Kleinsparern, leben, die sich durch einen derartigen Wortgebrauch zutiefst mißachtet fühlen müssen. Der verbale Ausrutscher Koppers war also nur im Hinblick auf die Höhe der Verluste einmalig; er hat durchaus seine Basis im kaltschnäuzigen Umgang mit Problemen anderer und offenbart damit eine grundsätzlich inhumane Haltung.«

Via Video-Botschaft dementiert Jürgen Schneider ersichtlich das Gerücht seines Ablebens und wirft den Banken ihr falsches Handeln vor. Denn die von ihnen praktizierte Aussetzung aller Zahlungen bedrohe Existenzen. Dr. Schneider zeigt Mitgefühl: »Die Handwerker haben ihre Leistungen sichtbar und anfaßbar in die Häuser eingebracht. Es ist somit selbstverständliche vertragliche Pflicht der Banken, unverzüglich die Handwerker vollständig auszubezahlen. Wir haben für *Peanuts* kein Verständnis. Wir beanstanden sehr, daß die Zahlungen an die Handwerker so spät beziehungsweise bis heute immer noch nicht vollständig erfolgt sind. Durch Stillstand entstehen ungeheure Kosten. Die von den beauftragten Handwerkern deshalb entstehenden zusätzlichen Ausfälle sind ebenfalls unverzüglich von der Bank zu bezahlen. Es war unser Ziel, durch schöne Häuser das Stadtbild prägen zu helfen. Nun formen lange Zeit stillstehende Bauvorhaben in diesen Spitzenlagen das Gesicht der Städte negativ. Neben den unnötigen Belastungen für die Bürger verlieren hier die betreffenden Gebäude auch noch dadurch erheblich an Wert. Das alles muß nicht sein.«

Es bleibt Dr. Schneider unverständlich, dass dem Konkurs seiner Firma ohne Prüfung einfach stattgegeben worden ist. »Von der Antragstellung der Deutschen Bank bis zur Eröffnung des Konkurses vor dem Königsteiner Zivilgericht waren nur fünfundsiebzig Minuten vergangen – eine Rekordzeit in der Geschichte der bundesdeutschen Zivilrechtsprechung. Wie war das möglich? Eine menschliche Erklärung hörte ich später aus dem Munde des Konkursrichters: Es war die Hölle los, Presseleute und Gläubiger umstellten das Gebäude, die Telefone brannten durch, aus dem Telex kam eine Stichflamme – da konnten wir nicht anders. Die unanständige Version hätte gelautet: Ich konnte nicht störend dazwischenfunken. Bei sofortigem Konkurs konnten sich die Banken ungehindert ihre Objekte greifen und sich obendrein die Handwerkerleistungen unbezahlt aneignen –

das ging relativ einfach, da die Objekte bis auf einen Ausnahmefall nie mischfinanziert waren.«

Jürgen und Claudia Schneider werden am 18. Mai 1995 in Miami, Florida, verhaftet. Schon länger standen sie unter Beobachtung des BKA. Im Februar 1996 werden sie nach Deutschland ausgeliefert. Die Beschuldigten sind damit einverstanden: »Ich hielt es jetzt für möglich, einen fairen Prozeß zu bekommen, denn das BKA hatte auch Material gesammelt, das die Banken belastete. Und nur in einem einzigen Fall – wegen der gefälschten Mietverträge in der *Zeilgalerie* – war Strafanzeige erhoben worden; die restlichen vierundfünfzig Banken hatten sich nicht gerührt. Auf die Spur der übrigen mir vorgeworfenen Fälle – *Zentralmessepalast, Mädler-Passage* und *Kurfürsteneck* – war der Staatsanwalt durch die Vorarbeit des Bundesaufsichtsamtes für das Kreditwesen gestoßen, das eigene Recherchen unternommen hatte und zur Auskunft verpflichtet war; über Zeugenvernehmungen des Bundeskriminalamts konnten dann die Tatvorwürfe fixiert werden.«

Der Prozess beginnt am 30. Juni 1997 und stößt auf riesiges öffentliches Interesse. Dessen sind sich Anklage und Verteidigung sehr wohl bewusst. Bereits vor Verhandlungsbeginn haben sich die Meinungen gebildet. »Das Urteil, das die Öffentlichkeit über Dr. Schneider gesprochen hat, kann in Tausenden von Presseberichten nachgelesen werden. Damit, scheint es, steht der Täter fest. Betrug braucht aber mehr als den Täter. Betrug gibt es nicht ohne Opfer. Banken, die auf gesetzlich vorgeschriebene Schutzmaßnahmen verzichtet haben, tragen eine hohe Mitverantwortung. Zunächst einmal kommt es im Wirtschaftsleben darauf an, daß Kreditinstitute selbst das Notwendige tun, um Zweifeln nachzugehen und Kontrollen wahrzunehmen.« Die Strategie der Verteidigung ist klar: Ohne tätige Mithilfe kann Dr. Jürgen Schneider die Kredite nicht erhalten haben

Die Anklage dagegen formuliert: »Dr. Jürgen Schneider

und seine gesondert verfolgte Ehefrau Claudia Schneider-Granzow waren als persönlich haftende Unternehmer in der Form einer Gesellschaft bürgerlichen Rechts von Königstein aus bundesweit auf dem Immobiliensektor tätig. Ihre Geschäfte bestanden im wesentlichen darin, mit Hilfe von Bankkrediten Immobilien aufzukaufen, um sie aufwendig zu renovieren oder neu aufzubauen. In Aufzeichnungen aus den Jahren 1986 und 1987 hatte der Angeklagte bereits festgehalten, daß er bei seinen Geschäften nach seiner Ausdrucksweise *Handwerker bescheißen und für Banken alles optimal hochlügen muß*.« Der hingeschmierte Notizzettel wird nun eines der Hauptbelastungsmittel. Keineswegs leugnet Dr. Schneider unrechtes Tun und die geschönten Zahlen bei der Antragstellung der Kredite. Doch gewähren musste sie die Bank. Tragen die Geldinstitute Mitschuld am Konkurs? Haben sie bewusst das Unternehmen in den Ruin getrieben? Was wiegt schwerer, der Betrug oder die Aufsichtspflicht? Gesellschaftlich relevante Fragen, die Richter und Öffentlichkeit monatelang beschäftigen werden.

»Wo hat es so etwas in Deutschland schon einmal gegeben, daß ein einzelner Privatmann, der praktisch aus dem Nichts auftauchte, binnen einer kurzen Zeitspanne von nicht viel mehr als zehn Jahren zu einem der größten Häuserbauer und -besitzer aufsteigt, mit einem attestierten Nettovermögen von fast 5.000 Millionen Mark, finanziert von einem halben Hundert deutscher Banken mit ausgeliehenen Darlehen von über fünf Milliarden Mark? Und der dann, nach dem unvermeidlichen Crash, bei Nacht und Nebel flieht, das gesamte Restvermögen von einer Viertelmilliarde mitnimmt, ein Firmendesaster hinterläßt – und natürlich eine eindrucksvolle Phalanx der namhaftesten deutschen Geldinstitute, die wie begossene Pudel dastehen und sich krampfhaft, zum Teil unter Benutzung zweifelhafter Wortspiele, für ihre Gutgläubigkeit und ihr Versagen zu rechtfertigen suchen.

Mit schier unglaublichem Leichtsinn rannten die Banken dem vermutlichen Großinvestor die Türen ein, um – möglichst vor der Konkurrenz – ihre Kredite loszuwerden. Man akzeptierte jede Bedingung, selbst die Nichteinhaltung vertraglicher Auflagen, die dem Angeklagten nicht paßten. Vermögensaufstellungen wurden entweder nicht überprüft oder trotz festgestellter Mängel hingenommen. Gelegentlich wurde einfach ein Sicherheitsabschlag gemacht. Aber was nutzte das, wenn die Werte um ein Mehrfaches übersetzt waren? Eine Mittelverwendungskontrolle gab es nicht. Wären die Finanzierungsanfragen richtig gelesen worden, dann wäre mancher grobe Unsinn aufgefallen.

Natürlich beruht jeder Betrug auf Mißbrauch von Vertrauen und Fehlern der Opfer. Das entlastet den Täter nicht. Aber wenn große Unternehmen, die an vielfache, zur Risikobegrenzung erlassene gesetzliche Kontrollvorschriften gebunden sind und über einen vielköpfigen Überwachungs- und Prüfungsapparat verfügen, die Vorschriften nicht beachten und ihre personellen Möglichkeiten nicht nutzen, ist das schon etwas, was Handlungen wie die des Angeklagten fahrlässig provoziert oder erleichtert und deshalb schuldmildernd berücksichtigt werden muß.«

Rechtliche und weitere Lücken im System der Bankenfinanzierung werden sichtbar. Vorstände unterschrieben für Millionensummen, ohne je Kontakt zum Kreditnehmer gehabt zu haben, auch nahmen sie kaum Einsicht in die Unterlagen. *Et hätt noch immer joot jejange.* Schreibtischentscheidungen. Man vertraute einander blind. Profiteur in dem Verfahren: die Kreditvermittler. Sie machten die Verträge und kassierten dafür hohe Provisionen, auch wenn ihr Kunde zahlungsunfähig wurde. Einkalkulierte Risiken. Vorstandssprecher Hilmar Kopper beschwichtigt: »Es ist auch kein Geheimnis, wenn ich hier sage, unsere Bruttowertberichtigungen im Konzern in den letzten fünf Jahren betrugen in jedem Jahr um die drei Milliarden Mark. Die Deutsche Bank ist nun mal nach den Volumina die zweitgrößte Bank der Welt. Wir sind im Risikogeschäft, und dies schmälert die Marge. Trotzdem schneiden wir auf diesem Gebiet im internationalen Vergleich ganz gut ab.« Und so winden sich die Zeugen, einer nach dem anderen. Absurdes Theater.

Klaus Leukert von der zentralen Kreditüberwachung der Deutschen Bank: »Wir haben eine Plausibilitätsprüfung gemacht, ob die angegebenen Werte nachvollziehbar sind. Nun sind wir keine Bausachverständigen, wir haben keine spezielle Ausbildung im Baufach genossen. Deswegen habe ich den größten Wert darauf gelegt, daß die Kredite von unserer zentralen Baufinanzierungsabteilung gegengecheckt wurden und daß sie, wenn es zu einer Vorstandvorlage kam, mit unterschrieben hat.«

Darauf der vorsitzende Richter Heinrich Gehrke: »Leider gab es diese Abteilung seit 1989 nicht mehr.«

Klaus Leukert: »Ein Korsett anzulegen, hielten wir bei Herrn Dr. Schneider und seinem Expansionsdrang kaum für möglich.«

Das Vorstandmitglied der Deutschen Bank Dr. Ulrich Weiss: »Die Rolle des Vorstands der Deutschen Bank war hier, die Schlüssigkeit dessen, was ihm vorgelegt war, zu prüfen und nicht mehr in die Prüfung der Detailsachverhalte zu gehen. Er konnte natürlich Nachfragen stellen, er konnte die Plausibilität oder Schlüssigkeit der Entscheidung überprüfen und sich dazu eine Meinung bilden.«

Das für Schneider zuständige Vorstandmitglied der Deutschen Bank, Prinz Michael von Sachsen-Weimar und Eisenach: »Das einzige, was eine Bank beurteilt, ist das Heute und ist das Gestern. Aber sie handelt morgen. Sie muß damit zwangsläufig auf Plausibilitäten ausweichen. Und das sind Vergleiche, Vergleiche mit ähnlichen Situationen, Hochrechnungen, Modellrechnungen. Das ist nach ihrer Diktion wahrscheinlich alles Schall und Rauch. Es ist auch Schall und Rauch, der Markt ändert sich, und dann ist das alles hinfällig. Aber das ist das Bankgeschäft. Das Bankgeschäft zieht Wechsel auf die Zukunft und muß sehen, daß es sich dabei einigermaßen absichert, indem die Prognosen stimmen, indem die Berechnungen stimmen. Das ist in der Tat in diesem Falle verabsäumt worden.«

Richter Heinrich Gehrke: »Wenn ich mich berufsmäßig mit dem Risiko beschäftige – und das tut eine Bank –, dann kann ich das doch nur dann erfolgreich machen, wenn ich Kontrollmechanismen einbaue, wenn ich jedes Warnsignal sorgfältig analysiere und überprüfe und mich nicht in irgendwelche Hoffnungen verliere, es wird schon gutgehen – und Wunder geschehen immer wieder.«

Prinz Michael von Sachsen-Weimar und Eisenach: »Meine Erkenntnisse im nachhinein waren – und da gibt es nichts daran herumzudeuteln –, daß das Immobiliengeschäft von seiner fachlichen Betreuung eine ziemliche Katastrophe war – das war aber nicht erkennbar.«

Richter Heinrich Gehrke: »Herr Dr. Schneider weist immer wieder darauf hin, daß ihm die Banken die Bude eingerannt haben. Ist das in der Branche üblich, daß eine Bank auf einen Kunden zugeht und sagt: *Hast du nicht Interesse an Krediten von uns?*«

Helmut Schmidt, Kundenbetreuer der Bau- und Bodenbank, Filiale Leipzig, verantwortlich für u. a. den *Zentralmessepalast*: »Es ist generell ein üblicher Vorgang, selbstverständlich. Wie sollen sie sonst neue Kundenverbindungen aufbauen? Das geht doch nicht anders.«

Richter Heinrich Gehrke: »Ich verstehe nicht viel davon. Aber daß ich sowenig davon verstehe, müssen Sie auch nicht unterstellen. Wenn eine Bank auf einen zukommt und sagt: *Hast du nicht Bedarf? Wir geben dir gerne!*, ist derjenige von vornherein in der Position, daß er diktieren kann. Das Ganze wurde in einer unglaublichen Schnelligkeit bearbeitet: Der Finanzierungsantrag ist vom 18.6., die Kreditvorlage mit Ihrer befürwortenden Stellungnahme datiert am

27.6., und am 11.7. hat die Bank den Kredit schon bewilligt. Kann es sein, daß aufgrund dieser schnellen Bearbeitung die Überprüfung der Fakten etwas litt?«

Helmut Schmidt sagt: »Nein.« Das Geld wurde trotz Zweifeln ausgezahlt. Auch daß dies auf das Privatkonto des Kreditnehmers geschah, stoppte das Geschäft nicht. Auf Nachfrage, ob die Kontrolle mangelhaft gewesen sei, gesteht Schmidt: »Das muß man so sehen.«

Anders argumentiert Hans Jochen Erlebach, Leiter der Frankfurter Filiale und Vorstandsmitglied der Bau- und Bodenbank: »Im Privatkundengeschäft haben wir sogar eine Bearbeitungszeit von vierundzwanzig Stunden. Der Häuslebauer, der zu uns kommt, hat bei einem Standardfall also innerhalb von vierundzwanzig Stunden eine Zusage.«

Richter Heinrich Gehrke: »Aber doch nicht, wenn Sie den Mann überhaupt nicht kennen und noch nie geschäftliche Verbindungen mit ihm hatten.«

Hans Jochen Erlebach: »Bei einem Standardfall im Privatkundengeschäft läuft das so, das sind Kredite von 300.000 bis 400.000 Mark. Natürlich sind da die Sicherheiten noch nicht geprüft. Aber das sind dann die Auszahlungsvoraussetzungen.«

Richter Heinrich Gehrke: »Wir reden hier nicht von 300.000 oder 400.000 Mark, sondern von einem Kreditantrag von 126 Millionen.«

Frage des Richters an den Kundenbetreuer der BHF-Bank, Gunther Wunderlich: »Vom Architekten Severain haben wir gehört, daß in einer Etage ein notwendiges Treppenhaus verschwunden und als Bürofläche ausgewiesen worden ist.«

Gunther Wunderlich: »Das haben wir leider übersehen.«

Richter Heinrich Gehrke: »Und von Ihren Spezialisten ist auch übersehen worden, daß Technikflächen in den Tiefgaragen, die zwingend nötig sind, um das Ding zu betreiben, plötzlich verschwunden und in EDV- oder Tresorflächen geändert worden sind?«

Gunther Wunderlich: »Ja.«

Richter Heinrich Gehrke: »Der Architekt meinte, das müßte man wissen, daß man in einem solchen Objekt zwei Treppenhäuser braucht.«

Gunther Wunderlich: »Nicht einmal der Sachverständige, der damals das Gutachten für die Deutsche Hypothekenbank gemacht hat, hat das gemerkt. Und das sind ausgesprochene Fachleute, die wissen mehr als wir.«

Richter Heinrich Gehrke: »Ich hätte Probleme, den als Fachmann anzusehen. In Ihrem Antrag vom 6.1.1992 haben Sie 1,58 Milliarden Mark als Nettovermögen angenommen. Worauf haben Sie sich dabei gestützt?«

Gunther Wunderlich: »Leider auf die Angaben von Herrn Dr. Schneider.«

Richter Heinrich Gehrke: »Können Sie uns das verständlich machen?«

Gunther Wunderlich: »Tja, da war die damalige Wettbewerbssituation, Sie haben von jemanden einen guten Eindruck, er hatte ein großes Ansehen in der Öffentlichkeit. Da hatte man keine Veranlassung, Zweifel an diesen Zahlen zu haben. Die Banken haben ja auch ein Risikomanagement.«

Richter Heinrich Gehrke: »Wie wirksam das ist, haben wir gesehen! Die gucken sich Zahlen an und sagen, das wird schon stimmen, und die übersehen, daß Treppenhäuser zu Büros umgebaut werden! Die Qualitätskontrollen sind schon phänomenal!«

Gunther Wunderlich: »Es gibt das Wort: *Taxen sind Faxen*. Die Qualität der Gutachten läßt manchmal sehr zu wünschen übrig.«

Die Aussagen der Bankverantwortlichen haben in weiten Teilen großen Unterhaltungswert. Die Zeitungen zitieren genüsslich.

Der Staatsanwalt formuliert im Plädoyer: »Nach meiner Auffassung liegt bezüglich der hier angeklagten Fälle jeweils ein Betrug, und zwar im besonders schweren Fall, vor. Daß die Banken wußten, daß sie getäuscht waren, daß sie sehenden Auges in diese Kreditvergaben hineinliefen, dafür hat sich in der Beweisaufnahme kein Anhaltspunkt ergeben. Sie haben alle falschen Angaben vertraut. Als besonders schwerer Fall wird im Strafrecht *gewerbsmäßiges Handeln* gewertet. Darunter wird verstanden, daß der Täter sich durch seine Taten eine nicht nur vorübergehende Einnahmequelle verschaffen will. Der Angeklagte Dr. Schneider hat eingeräumt, sich durch seine Überfinanzierungen eine Manövermasse auf Dauer verschaffen zu wollen. Darüber hinaus waren die Überfinanzierungen auch zur Erfüllung der Verpflichtungen erforderlich. Damit liegt hier *gewerbsmäßiges Handeln* des Angeklagten vor.

Bevor ich wußte, was auf mich zukommt, war ich selbst in Leipzig. Die *Mädler-Passage* und *Auerbachs Keller*, die ich mir auch dort angesehen habe, sind schön und beeindruckend. Das ändert aber nichts daran, daß dies im wahrsten Sinne des Wortes das Privatvergnügen von Dr. Schneider war, daß die Bauwerke sich allesamt nicht rechneten und große Schäden verursacht wurden. Wenn dann eine Bank ihre Forderung an eine befreundete Firma verkauft hat, war das sicherlich für die Bilanz der Bank ein geschickter Schachzug. Rechtlich spielt das hier aber keine Rolle, weil diese Schadenminderung dem Angeklagten Dr. Schneider nicht zuzurechnen ist. Im einzelnen halten wir folgende Freiheitsstrafen für angemessen: wegen besonders schweren Betrugs in den Fällen *Zeilgalerie* fünf Jahre, *Mädler-Passage* in Leipzig drei Jahre, *Tauentzienstraße* in Berlin drei Jahre und *Zentralmessepalast* in Leipzig zwei Jahre, wegen Kreditbetrugs beim Berliner *Kurfürsteneck* ein Jahr. Daraus ist eine Gesamtstrafe zu bilden. Man sollte berücksichtigen, daß der Angeklagte Dr. Schneider mittlerweile einsieht, auch strafrechtlich relevante Fehler gemacht zu haben. Ich meine deshalb, daß man die Gesamtstrafe auf sieben Jahre und neun Monate festsetzen kann.«

Der Verteidiger Professor Salditt hält dagegen: »Die große Deutsche Bank würde zu klein, sie würde zu schwach, sie würde zu hilflos gesehen, wenn man sie hier nur als Spielball der zweifellos begangenen Täuschungen Dr. Schneiders verstehen wollte. Die Deutsche Bank hat das Geschehen in der dargestellten Weise durchaus mitbeherrscht. Die Täuschung war erfolgreich, weil 1992 Überprüfungen für inopportun gehalten wurden. Damit stehen sich Beiträge auf Täter- und auf der Opferseite gegenüber, die von der Staatsanwaltschaft völlig falsch gewichtet worden sind.«

Verteidiger Hild: »Die Staatsanwaltschaft hat angenommen, Herr Dr. Schneider habe gewerbsmäßig betrogen. Daß Herr Dr. Schneider beabsichtigte, daß es ihm darauf ankam, sich durch betrügerische Handlungen eine Erwerbsquelle zu sichern, kann angesichts der Ergebnisse der Hauptverhandlung gerade nicht behauptet werden. Herr Dr. Schneider war vom Erfolg seiner Projekte in einer Weise überzeugt und von seiner Idee der Rettung bedeutender Bauwerke teilweise besessen, daß die Motivlage eine grundlegend andere war. Es ist im Verfahren mehrfach angeklungen, daß Herr Dr. Schneider eine regelrechte Sammlerleidenschaft auszeichnete. Nach seinen glaubwürdigen Einlassungen mußte er bestimmte Objekte einfach haben. Es ist insoweit auch bezeichnend, daß er von einer *blauen Mauritius* sprach. Damit soll nicht der Versuch unternommen werden, Herrn Dr. Schneider als bloßen Idealisten zu kennzeichnen; dies wäre offensichtlich verfehlt. Auch können wir nicht von einem *Hobby* wie die Staatsanwaltschaft sprechen. Herr Dr. Schneider war eines, nämlich auch ein Geschäftsmann, und zwar ein erfolgreicher. Es wäre daher abwegig zu behaupten, daß es ihm nicht auch um die Erzielung von Gewinnen, die Erhaltung oder Erhöhung seines Lebensstandards gegangen et cetera wäre. Aber es wäre auch ebenso abwegig, anzunehmen, daß allein dieses Motiv für die Annahme eines gewerbsmäßigen Betrügens ausreichend wäre.«

Verteidiger Rückel: »Der Staatsanwalt spricht von einem hohen Schaden. Ich sehe keinen hohen Schaden, ich sehe eine hohe Kreditsumme. In diesem Verfahren ist häufig der Fehler gemacht worden, diese hohe Kreditsumme mit einem hohen Schaden gleichzusetzen. Und wenn es hier einen Schaden gibt, dann ist dieser doch wohl ausschließlich Folge von Fahrlässigkeit – vielleicht sogar des bedingten Vorsatzes, aber bleiben wir bei der Fahrlässigkeit – auf Seiten der Banken. Es war doch auch keine raffinierte Täuschung. Die Täuschung ist doch nur nicht entdeckt worden, weil – jetzt sage ich einmal den Begriff – das *Opfer* sich von vornherein selbst erblindete. Ein besonders schwerer Fall liegt nur vor, wenn die Tat nach ihrem gesamten Tatbild die erfahrungsgemäß vorkommenden und deshalb vom Gesetzgeber bereits bedachten Fälle der Untreue an Strafwürdigkeit so weit übertrifft, daß der ordentliche Strafrahmen nicht mehr ausreicht.«

Das Urteil mit Begründung: »Im Namen des Volkes verkünde ich folgendes Urteil: Der Angeklagte Dr. Jürgen Schneider wird wegen Kreditbetrugs in zwei Fällen und Betrugs in drei Fällen, in einem Fall davon begangen in Tateinheit mit Urkundenfälschung, zu einer Gesamtfreiheitsstrafe von sechs Jahren und neun Monaten verurteilt. In der heutigen Urteilsverkündung geht eines der größten deutschen Wirtschaftsverfahren zumindest vorläufig zu Ende. Es war eine Hauptverhandlung, die wohl wie kaum eine andere das öffentliche Interesse gefunden hat. Das lag natürlich in erster Linie an der Person des Angeklagten und seinem schier unglaublichen Wirken in der Bankenlandschaft. Wo hat es so etwas in Deutschland schon einmal gegeben, daß ein einzelner Privatmann, der praktisch aus dem Nichts auftauchte, binnen einer kurzen Zeitspanne von nicht einmal mehr als zehn Jahren zu einem der größten Häuserbauer und -besitzer aufsteigt, mit einem attestierten Nettovermögen von fast 5.000 Millionen Mark, finanziert von einem halben

181

hundert deutscher Banken mit ausgeliehenen Darlehen von über 5 Milliarden Mark? Und der dann nach dem unvermeidlichen Crash bei Nacht und Nebel flieht, das gesamte Restvermögen von einer Viertelmilliarde mitnimmt, ein Finanzdesaster hinterläßt – und natürlich eine eindrucksvolle Phalanx der namhaftesten deutschen Geldinstitute, die wie begossene Pudel dastehen und sich krampfhaft, zum Teil unter Benutzung zweifelhafter Wortspiele, für ihre Gutgläubigkeit und ihr Versagen zu rechtfertigen suchen. Mit schier unglaublichem Leichtsinn rannten die Banken dem vermutlichen Großinvestor die Türen ein, um – möglichst vor der Konkurrenz – ihre Kredite loszuwerden. Man akzeptierte jede Bedingung, selbst die Nichteinhaltung vertraglicher Auflagen, die dem Angeklagten nicht paßten. Vermögensaufstellungen wurden entweder nicht überprüft oder trotz festgestellter Mängel hingenommen. Gelegentlich wurde einfach ein Sicherheitsabschlag gemacht. Aber was nutzte das, wenn die Werte um ein mehrfaches übersetzt waren? Eine Mittelverwendungskontrolle gab es nicht. Wären die Finanzierungsanfragen richtig gelesen worden, dann wäre mancher grobe Unsinn aufgefallen, wie etwa die Bezahlung von Grundbuchkosten bei noch bevorstehender Eintragung, von Grunderwerbsteuer bei Kauf eines Gesellschaftsanteils, von Notarkosten bei Einreichung eines privatschriftlichen Vertrages. Die Banken trifft an dem Finanzdesaster, das der Angeklagte hinterlassen hat, eine besonders hervorzuhebende erhebliche Mitverantwortung, im Einzelfall auch ein Mitverschulden, jedoch hat sich in keinem Fall bei den für sie handelnden Personen feststellen lassen, daß sie mit dem Angeklagten gemeinsame Sache machten und ihn bei seinen Manipulationen bewußt unterstützten.

Für einen einzelnen waren diese fünf Milliarden unerhört große Etappen. Darüber gingen allen Kreditinstituten die laufenden sogenannten Evidenzmeldungen der Bundesbank zu. Sie waren ein Teil des gesetzlichen Alarmsystems. Die

Bundesbank hat auf der Grundlage des Kreditwesengesetzes alle sich meldenden Banken über den Stand der Entwicklung des Gesamtengagements informiert. Die Finanzierung von diesen mehr als fünf Milliarden Mark entfielen auf die verschiedenen Immobilien. Die waren bis zum Jahre 1994 nur zum kleineren Teil fertiggestellt. Die Hauptverhandlung wird ergeben, daß die Anschaffungs- und Herstellungskosten der fertiggestellten, also der schon in Vermietung befindlichen Immobilien bis zuletzt keinesfalls mehr als 1,3 Milliarden Mark betrugen. Auch das war den Banken zumindest in der Tendenz nicht verborgen. Bauen und Fertigstellen spielten sich vor aller Augen ab. Es bleibt eines der großen Rätsel dieses Kreditfalles, daß Banken sich darauf einließen, 5.000 Millionen Mark einem Unternehmen anzuvertrauen, dessen Kern aus einer natürlichen Person bestand.

Die Banken trifft an dem Finanzdesaster, daß der Angeklagte hinterlassen hat, eine besonders hervorzuhebende, erhebliche Mitverantwortung im Einzelfall auch ein Mitverschulden, jedoch hat sich in keinem Fall bei den für sie handelnden Personen feststellen lassen, daß sie mit dem Angeklagten gemeinsame Sache machten und ihn bei seinen Manipulationen bewußt unterstützten. Im Grunde gilt nach dem Eindruck der Kammer für die Banken im vorliegenden Verfahren nichts anderes als bei in den alltäglichen Betrugsverfahren. Immer wieder ist festzustellen, daß spätere Geschädigte unschwer zu erkennende Warnhinweise – mögen sie auch so groß wie das sprichwörtliche Scheunentor gewesen sein – übersehen haben, aus denen deutlich zu erkennen war, daß irgendetwas mit dem Finanzgebaren des Vertragspartners nicht in Ordnung sein konnte, oder solche Hinweise zwar erkannt, aber ignoriert und gleichwohl das beantragte Geld hergegeben haben. Diese besondere Schwere der Nachlässigkeit und Mitverantwortung liegt in den hier zu beurteilenden Fällen allerdings darin – und dies unterscheidet sie von der Alltagskriminalität –, daß man es vorliegend auf der Geschädigtenseite mit Personen zu tun hat, die nicht nur in der Eigendarstellung ein hohes Maß an Professionalität im Umgang mit Geld zu haben behaupten, sondern von denen eine solche Kompetenz auf Grund ihrer Ausbildung, Berufserfahrung und Bezahlung auch mit Fug und Recht erwartet werden kann. Es war auch nicht eine etwa besonders raffinierte, einmalige und nicht verhinderbare Vorgehensweise des Angeklagten, der die Banken hier zum Opfer gefallen sind. Im Gegenteil waren seine Täuschungen relativ einfach gestrickt und bei Beachtung der üblichen und zum Teil vorgeschriebenen Vorsichtsmaßnahmen durchaus rechtzeitig zu erkennen.«

Nach zwei Dritteln der Strafe wird Dr. Jürgen Schneider auf Bewährung entlassen und veröffentlicht in Folge mehrere Bücher, u. a.: *Bekenntnisse eines Baulöwen* (1999), *Alle meine Häuser* (2000). In einem weiteren Betrugsprozess 2010 wurde das Verfahren eingestellt. Die Banken hätten wenig dazu gelernt, meint er heute. Toupets hat Dr. Jürgen Schneider nie wieder getragen.

»Als Konsequenz aus dem Fall erließ die Bankenaufsicht 2002 neue Mindestanforderungen an das Kreditgeschäft. Danach müssen Kundenkontakt und Kreditrisikoprüfung einer Bank von streng getrennten Abteilungen durchgeführt werden. Die Risiken werden nach standardisierten Programmen eingestuft. Schneider hätte heute keine Chance mehr, meint ein Bankenexperte. Stattdessen halten deutsche Banken heute faule Wertpapiere und Verbriefungen im Wert von schätzungsweise 300 Mrd. Euro. Diesmal haben sie den Ratingagenturen zu viel geglaubt. ›Das Kontrollsystem ist bürokratischer geworden, aber nicht unbedingt besser‹, so der Insider.«

Zeitungsmeldung, Februar 2014: Gerhard Schmalfuß »verdankt den Konkurs seines damaligen Unternehmens einem brillanten Betrüger. ›Dr. Jürgen‹, wie er ihn nennt,

›schuldet mir heute noch 50.000 Euro.‹ Der 72-Jährige muss heute noch schuften. Keinen Pfennig habe er gesehen, weder von dem Immobilienunternehmer, Milliardenbetrüger und Pleitier Jürgen Schneider noch von den Banken, die ihm seine Bauprojekte finanziert haben. Sechs Wochen, nachdem Schneider sich in die USA abgesetzt hatte, musste Gerhard Schmalfuß mit seiner Firma Insolvenz anmelden. ›Dr. Jürgen hat sechs Jahre gesessen, viel zu wenig. Ich muss mit über 70 Jahren noch arbeiten, um über die Runden zu kommen‹, sagt der Handwerker, 20 Jahre nachdem die Bombe geplatzt ist. Gerhard Schmalfuß arbeitet heute in der Tierpension seiner Ehefrau mit.«

Kein Zweifel: Der Fall des Dr. Jürgen Schneider ist eine Parabel unserer Gesellschaft.

Quellen

Dunkhase, Heinz: *Falsche Geister – echte Schwindler.* Rundfunk-Feature, NDR, 1970.

Eco, Umberto: *Das Foucaultsche Pendel.* München, 1989.

Fellmann, Walter: *Leipziger Pitaval.* Berlin 1980.

Förster, Otto Werner: Tod eines »Geistersehers«. Leipzig, 2011.

Goethe, Johann Wolfgang: *Dichtung und Wahrheit.* Berlin / Weimar, 1965.

Haase, Ralf: *175 Jahre erste deutsche Ferneisenbahn.* Leipzig, 2014.

Harksen, Jürgen: »*Wie ich den Reichen ihr Geld abnahm*«. Frankfurt / M., 2006.

Haufe, Eberhard: »Diskurs über einige Data und Problemata vorgedruckter Reisebeschreibung«. In: Reuter, Christian: *Schelmuffskys wahrhaftige curiöse und sehr gefährliche Reisebeschreibung zu Wasser und zu Lande.* Leipzig, 1977.

Heck, Meinrad: *Der Flowtex-Skandal.* Frankfurt / M., 2006.

Hoquél, Wolfgang: *Leipzig Architektur.* Leipzig, 2004.

Müller, Michael / Heise, Ulla: *Das Romanushaus in Leipzig.* Leipzig, 1990.

Mundus, Doris: »Dem Kurfürsten zu Gefallen und zum eigenen Nutzen«. In: *Leipziger Hefte* 38, Leipzig, 2001.

Politz, Pierre Walter: *Der Herr der Häuser.* Leipzig, 1996.

Rettler, Wilhelm: *Der strafrechtliche Schutz des sozialistischen Eigentums in der DDR.* Berlin / New York, 2010.

Reuter, Christian: *Werke.* Berlin / Weimar, 1962.

Reuter, Christian: *Schelmuffskys wahrhaftige curiöse und sehr gefährliche Reisebeschreibung zu Wasser und zu Lande.* Leipzig, 1977.

Ringel, Sebastian: *Die ganze Welt im Kleinen.* Leipzig, 2015.

Schär, Johann Friedrich / Prion, W.: *Buchhaltung und Bilanz.* Heidelberg, 1932.

Schiller, Friedrich: *Der Geisterseher.* München, 1922.

Schlegel, Johann Samuel Benedict: *Tagebuch.* Berlin / Leipzig, 1806.

Schneider, Jürgen: *Alle meine Häuser.* Bad Homburg / Leipzig, 2000.

Schneider, Jürgen: *Bekenntnisse eines Baulöwen.* Berlin, 1999.

Schulze, Arthur: *Der Zusammenbruch der Kreditanstalt für Industrie und Handel in Dresden.* Tübingen, 1903.

Sparschuh, Jens: *Der Geisterseher.* Rundfunk-Feature, Radio DDR, 1979.

Spengler, Werner: *Der Höhenflug des Udo H.* Halle, 1981.

Tieck, Ludwig: *Die Wundersüchtigen.* Berlin, 1852.

Wallace, Edgar: *Kerry kauft London.* München, 1957.

Weber, Dr.: »Der Leipziger Bank-Prozess«. In: *Pitaval der Gegenwart*, Band II. Leipzig, 1904.

Zola, Émile: *Das Geld.* Berlin / Weimar, 1988.

Mythos, Drama, Eifersucht

Peter Niggl

Die Kopf-ab-Morde

und sieben weitere Fälle

224 Seiten, Broschur

5,99 €

ISBN 978-3-95958-058-8

Wenn der Germanengott Odin Menschenopfer fordert, rollen Köpfe: Ein Mann köpft eine Frau und erklärt seine Tat mit Odins Auftrag. Vier Jahre später wiederholt sich dieses düstere Szenarium inmitten Berlins: Ein psychisch gestörter Täter legt den Kopf seines Opfers in einem öffentlichen Park ab. Peter Niggl verfolgt in acht spannenden Kriminalfällen die Spuren der Täter.

www.bild-und-heimat.de